Anthony Matthews

Auf dem Weg Buddhas

HERDER spektrum

Band 6174

Das Buch

Viele Menschen erwarten von der Meditation – und sehr wahrscheinlich auch von Büchern über Meditation – Antworten auf grundlegende Fragen des Lebens. Buddhistische Meditation ist ein direkter Weg zu geistiger Ruhe und Klarheit, zu Glück und Erkenntnis.
Das einführende Handbuch, das Anthony Matthews hier vorlegt, ist ganz praktisch. Es gibt Anleitungen und konkrete Hinweise zu grundlegenden Meditationsübungen und führt einige der Leitideen aus, die ihnen zugrunde liegen. Der erfahrene Meditationslehrer stellt zentrale Techniken vor und erläutert sie Schritt für Schritt. Er gibt präzise Anleitungen für die richtige Sitzhaltung und stellt eine Reihe von Übungen vor, die ein entspanntes Sitzen erleichtern.
Die Prinzipien, die der buddhistischen Meditation zugrunde liegen, werden ebenso dargestellt wie ihr Ziel und die Umsetzung im Alltag. Auch Unterschiede zu anderen, nicht-buddhistischen Meditationsformen werden erklärt. Ein ideales Buch für Menschen, die Meditation kennen lernen und mit ihr vertraut werden wollen.

Der Autor

Anthony Matthews unterrichtet seit über 25 Jahren Meditation. Er wurde 1974 ist den Westlichen Buddhistischen Orden aufgenommen. Matthews ist der Mitbegründer eines Meditations- und eines buddhistischen Studienzentrums in Nordwales. Seine Lehrtätigkeit führt ihn u.a. nach Indien, Russland, Deutschland und die USA. Matthews lebt gegenwärtig in einer Einsiedelei in Wales.

Anthony Matthews

Auf dem Weg Buddhas

Durch Meditation zu Glück und Erkenntnis

HERDER

FREIBURG · BASEL · WIEN

Die englische Originalausgabe „Meditation, The Buddhist Way to Tranquility and Insight" erschien 1992 im Verlag Windhorse Publication.
Die vorliegende Ausgabe ist der erste, einführende Teil der englischen Originalausgabe.
Sie ist eine Lizenzausgabe des 2005 bei Theseus erschienenen Buches „Buddhistische Mediation. Der Weg zu Glück und Erkenntnis".

Ins Deutsche übertragen vom Übersetzerteam
der Freunde des Westlichen Buddhistischen Ordens.

www.herder.de

Umschlagkonzeption und -gestaltung:
R·M·E Eschlbeck / Hanel / Gober
Umschlagfoto: © STOCK4B / mauritius images

Herstellung: fgb · freiburger graphische betriebe
www.fgb.de

Gedruckt auf umweltfreundlichem, chlorfrei gebleichtem Papier
Printed in Germany

ISBN 978-3-451-06174-5

Inhalt

Vorwort

Nicht viel kann ich dir anbieten –
nur eine Lotosblume,
die in einem Wassertopf schwimmt.

Ryokan[1]

Als ich 1975 Zhiyis Buch *Dhyana für Anfänger*[2] studierte, sah ich zum ersten Mal, wie wichtig eine gründliche Einführung in die buddhistische Meditation ist. Mein Lehrer Sangharakshita machte mich auf dieses Buch aufmerksam, indem er ein Seminar darüber leitete, das ich allerdings nicht besuchen konnte. Die Schrift faszinierte mich; und als Tonbandprotokolle des Seminars erhältlich waren, reflektierte ich weiter über Zhiyis Text und versuchte, seine Methoden in die Praxis umzusetzen.

Zu dieser Zeit war ich gerade als Buddhist ordiniert worden, konnte aber meiner Meditation noch nicht alle Aufmerksamkeit schenken. Mein Leben änderte sich radikal, als ich in eine halbklösterliche Gemeinschaft zog, in der wir uns ganz der Übung von Meditation widmeten. Wir meditierten einige Jahre lang zusammen, bis uns klar wurde, dass es für uns mehr zu tun gab, als bloß unsere eigene Praxis zu vertiefen. Immer mehr Besucher kamen in unser Meditationszentrum. Wir mussten deshalb der Lehre von Meditation mehr Raum geben.

Es wurde auch deutlich, dass wir ein Buch brauchten, das unseren Ansatz erläuterte. Damals gab es nur wenige Veröffentlichungen über die buddhistische Praxis der Meditation. Obwohl diese Kunst im Buddhismus so hoch entwickelt ist, beschäftigt sich doch nur ein vergleichsweise kleiner Teil der buddhistischen Literatur speziell mit ihren Grundlagen und Methoden. Ihre Feinheiten wurden immer mündlich vom Lehrer an die Schüler weitergegeben – und dies weniger, um esoterisches Wissen zu hüten, als auf Grund der praktischen Natur des Themas, das man mit Worten nicht umfassend vermitteln kann. Meditation ist nichts, was man in Büchern hinreichend abhandeln kann: Man muss sie selbst üben und erleben. Dann kann man auf der Grundlage eigener Erfahrungen darüber sprechen.

Dennoch benötigen wir auch klar geschriebenes Material über Meditation. Es gibt viele Menschen, die von der Meditation – und sehr wahrscheinlich auch von Büchern über Meditation – Antworten auf grundlegende Fragen des Lebens erwarten. Deshalb hoffe ich, dass manche von Ihnen das hier vorliegende Angebot nützlich finden werden. Der hier vorliegende erste Band ist ein einführendes Handbuch, das Anleitungen und praktische Hinweise zu grundlegenden Meditationsübungen gibt und einige Leitideen, die diesen zugrunde liegen, ausführt. Der zweite Band geht mehr in die Tiefe und gibt einen Überblick über die gesamte Bandbreite buddhistischer Meditationsmethoden.

Viele Menschen haben mir geholfen, dieses Buch zu schreiben. Mein tiefster Dank gilt Sangharakshita für die klaren Lehren über Meditation, die er mir erteilte, und seine nützlichen Vorschläge zu meinem Buch. Mehrere Freunde, die im Meditationszentrum Vajraloka leben, haben auf verschiedene Weise einen Beitrag geleistet, insbesondere Satyananda, Dharmananda und Vajradaka. Zahlreichen anderen Freunden und Gefährten, die mein Manuskript seit seiner ersten Überarbeitung kommentiert haben, möchte ich danken. Dazu gehören Satyapala, Kulaprabha, Ruciraketu, Dharmaghosa, Ken Robinson, Subhadra, Dhammadinna, Parami, Ratnabandhu und Dhammarati. Maitreyi beriet mich zur Alexander-Technik. Besonders verpflichtet bin ich Viryaprabha für ihre Überarbeitung des Textes in seinen letzten Fassungen und Santavira dafür, dass er schiefe Vergleiche, Tautologien und logische Brüche aufdeckte. Nagabodhi danke ich für seine unermüdliche Aufmunterung, die ich niemals vergessen werde.

Anthony Matthews, Vajraloka Meditation Centre, Nord-Wales

Einleitung – Die grosse Verwandlung

Das Ziel buddhistischer Meditation

Dieses Buch ist in mancher Hinsicht von den Lehren des großen Meditationsmeisters Zhiyi inspiriert. Zhiyi lehrte im sechsten Jahrhundert unserer Zeitrechnung auf dem Berg Tiantai in China – in einer Zeit, als buddhistische Methoden der persönlichen Entwicklung wie Meditation dort gerade eine gewisse Popularität erlangten.

Eintausendvierhundert Jahre danach, in unserer eigenen, sehr anderen Zeit und Kultur ist »Meditation« zum wohlvertrauten Begriff geworden. Mit einiger Wahrscheinlichkeit haben auch Sie bereits eine Vorstellung davon. Womöglich haben Sie irgendeine Form von Meditation schon ausprobiert – vielleicht meditieren Sie sogar regelmäßig. Klären wir deshalb zuerst einmal, wovon wir eigentlich genau sprechen. Es gibt nämlich viele verschiedene Auffassungen über Meditation. Einige Methoden mögen der buddhistischen Meditation sehr ähneln: Die eigentliche Technik kann sogar dieselbe sein, das Ziel aber etwas ganz anderes. Denken Sie nur daran, wie manche Ärzte und Therapeuten Meditation empfehlen. Sie vertreten gewöhnlich die Auffassung, Meditation sei einfach eine Technik zur Stressreduzierung. Es trifft zwar zu, dass die Fähigkeit, Stress zu meistern, zu den absehbaren Nebenwirkungen von Meditation gehört – sie ist aber nicht ihr Ziel. Aus buddhistischer Sicht geht es bei Meditation darum, eine Veränderung und Entwicklung in Gang zu setzen, die auf das höchste Ziel – Erleuchtung – hinausläuft.

Mit »Erleuchtung« ist die bis zur Vollkommenheit entwickelte menschliche Lebensform gemeint – die Verwirklichung von Weisheit und Erbarmen in einem Ausmaß, das alle unsere Vorstellungen von »menschlich« und »Existenz« weit übersteigt. Das ist zweifellos ein hohes Ideal, aber es ist erreichbar.

Heutzutage wird in vielen gesellschaftlichen Gruppierungen – von der »alternativen Szene« bis hin zu den christlichen Kirchen – die eine oder andere Art von Meditation unterrichtet. Es gibt aber wichtige Unterschiede zwischen ihnen und dem buddhistischen Ansatz. So ist beispielsweise die buddhistische Sicht des spirituellen Weges selbst einzigartig. Der Buddhismus behauptet: Alle Männer und Frauen können Erleuchtung erlangen, und zwar durch eigene Bemühung und ohne blind glauben zu müssen. Im Hinblick auf die tatsächliche spirituelle Praxis kann der Buddhismus auf einen Fundus von Meditationserfahrungen einer über zweitausendfünfhundert Jahre alten Überlieferung zurückgreifen – ein praktisches Wissen, das die Lehrer an ihre Schüler weitergegeben haben, seit der Buddha selbst Erleuchtung erlangt hatte. Westliche Buddhisten treten damit das Erbe einer auch heute noch äußerst lebendigen Tradition an. Die Lehre ist unverbraucht, denn sie vermittelt individuelle Erfahrungen statt Dogmen. Wo es nötig ist, findet der Buddhismus immer neue Formen und Ausdrucksweisen.

Jede Meditationsmethode, die Erleuchtung als höchstes Ziel hat, gehört damit zur buddhistischen Meditation. Dabei sollte man nicht erwarten, Erleuchtung gleichsam über Nacht zu erlangen – zuerst ist einige Grundlagenarbeit nötig. Deshalb gibt es Meditationspraktiken eher vorbereitender Natur, während andere sehr viel weiter führen.

Für den Anfang gibt es Meditationsmethoden, die darauf zielen, bestimmte elementare Qualitäten zu entwickeln. Zunächst einmal geht es für die meisten darum, ein glücklicher, gesunder Mensch zu werden, und in diesem Anfangsstadium strebt der Buddhismus ganz ähnliche Ziele an wie viele »wachstumsorientierte« Gruppen. Durch die Veränderung bestimmter Gewohnheiten finden Sie zu größerer Harmonie im Leben. Es geht um die Arbeit an den vielen kleinen moralischen »Ausrutschern«, an psychologischen Schwierigkeiten und negativen Emotionen, die uns daran hindern, unser menschliches Potential voll zu entfalten.

Aber damit ist es nicht genug – das alltägliche gewöhnliche Glück ist letztlich unbefriedigend, denn es hängt in der Regel von äußeren Umständen ab. Auch wer bereits einigermaßen positiv und voller

Selbstvertrauen ist, sollte sich nicht auf seinen Lorbeeren ausruhen, sondern das Leben gründlich hinterfragen. Echtes Glück entsteht nämlich nur, wenn man durch Einsicht die wahre Natur der Wirklichkeit versteht. Dieses tiefere, grundlegende Glück ist der Weg, der in den Strom der Erleuchtung mündet: In diesen Strom einzutreten ist das langfristige Ziel buddhistischer Meditationsübung.

Die buddhistische Meditation bietet sehr weitreichende Möglichkeiten, denen man mit Worten kaum gerecht wird. Jeder ist eingeladen, sich auf dieses Abenteuer der Vorstellungskraft einzulassen und eine »Reise ins Unermessliche« anzutreten, die noch immer – nach vielen Jahrhunderten des Forschens – neue Einsichten sowie Menschen mit Einsicht hervorbringt. So schöpferisch und »unermesslich« diese Tradition auch sein mag – sie ist weder unklar noch verschwommen: Für die gesamte lange Reise stehen uns außerordentlich klare, systematische und praktische »Landkarten« zur Verfügung.

Hilfen auf dem Weg zur Erleuchtung

Man mag Meditation vielleicht als direkt wirksam und inspirierend erleben, doch ist sie nur ein Teil der Marschverpflegung. Wenn Sie sich wirklich verändern wollen, müssen Sie jeden Aspekt Ihres Lebens in dieses Vorhaben einbeziehen.

Nehmen Sie einmal an, Sie wollten gerne mehr Freundlichkeit und ein positiveres Verhalten gegenüber anderen entwickeln. Um das zu erreichen, könnten Sie sich entschließen, über Freundlichkeit zu meditieren. Die Entwicklung von *metta* – wie sie auch genannt wird – ist eine der wichtigsten Methoden, die der Buddha lehrte. Diese Meditation wird sehr viel wirksamer sein, wenn Sie überdies Freundschaften pflegen, offen kommunizieren und ein ethisches Leben führen.

Jede dieser Aktivitäten ist eine vollwertige spirituelle Übung in sich selbst. Sie können den Buddhismus einfach als riesige Sammlung von Hilfsmitteln zur Erleuchtung ansehen, aus der Sie diejenigen auswählen, die für Sie am besten wirken. Wer die Verantwortung für sein Handeln und seine Geistesverfassung übernimmt, lernt, auf sehr effektive Weise zu leben und jeden Augenblick geschickt und heilsam zu nutzen – und ihn gleichzeitig mehr zu genießen. Es gibt viele Wege, eine solch schöpferische Lebensweise zu verwirklichen. Viele Menschen finden, dass sie die buddhistische Lehre ergiebiger üben können, wenn sie mit gleich gesinnten Freunden zusammenleben. Manche Buddhisten schließen sich zusammen, um gemeinsam ihren Lebensunterhalt zu verdienen. Künstlerische und kulturelle Aktivitäten können die Inspiration stärken. Die *dharma*-Übung sollte insgesamt dazu beitragen, eine Art besonderen ethischen Sinn auszubilden, der schließlich alles beeinflusst, was Sie tun – sogar die Art, wie Sie einkaufen. Jeder Artikel, den Sie kaufen, Lebensmittel und Kleidung eingeschlossen, hat schließlich irgendeine Wirkung auf das Leben anderer, ganz abgesehen von seinem Einfluss auf Ihren eigenen Geisteszustand.

Der Geist – bestimmender Faktor im Leben

Wie Sie Ihre Zeit auch verbringen mögen, immer bestimmt Ihr Geisteszustand, wie schöpferisch Sie in Ihrem Handeln sein werden. Im Buddhismus gilt der Geist als der große, bestimmende Faktor. Der Zustand des Geistes von einem Augenblick zum nächsten – sein Glück oder Unglück, seine Weisheit oder Unwissenheit, sein Mitgefühl oder seine Grausamkeit – ist der Schlüssel zur persönlichen Entwicklung. Nach einer sehr alten Aussage, die auf den Buddha zurückgeht, ist unser ganzes Leben eine Schöpfung unseres Geistes: Handeln wir mit reinem Geist, dann folgt daraus Glück; handeln wir mit unreinem Geist, dann führt das zu Leiden.[3]

Mit anderen Worten: Ihr Handeln spiegelt Ihren gegenwärtigen Bewusstseinszustand. Sie handeln so, wie es Ihrem jeweiligen Geisteszustand entspricht. Was aber ist der Geist? Wenn er so bedeutsam für die persönliche Entwicklung ist, dann sollte man – soweit es geht – seine Natur besser verstehen lernen.

Was ist der Geist?

Der Geist ist ein eigenartiges und wunderbares Phänomen, das letzten Endes nicht erschöpfend zu beschreiben oder zu definieren ist. Trotz aller Versuche der Menschheit in Philosophie, Religion, Naturwissenschaften und Psychologie kann niemand (auch buddhistische Lehrer nicht) wirklich mit Bestimmtheit sagen, was der Geist eigentlich ist. Wir können nur versuchen, ihn zu beschreiben. Es ist uns aber immerhin möglich, etwas darüber zu sagen, wie er funktioniert: Wir wissen, dass er in irgendeiner Art Zusammenhang mit Gehirn und Nervensystem steht, und auch, dass wir Erinnerungen, Gefühle, Wissen, Wahrnehmungen und Gedanken erleben. Doch verstehen wir diese Phänomene nicht umfassend. Wir können nicht über die Grenzen des Geistes hinausgehen und sozusagen von außen anschauen, was tatsächlich geschieht und worin diese Erfahrungen wirklich bestehen. Auch können wir nicht verstehen, was die »Außenwelt« letztlich ist, weil »Welt« immer nur unsere eigene Wahrnehmung der Welt, das heißt unsere besondere Erfahrung von ihr ist. Nie können wir losgelöst vom eigenen Gesichtspunkt zum »Ding an sich« gelangen.

Um den Geist zu verstehen, müssen wir den Bezugsrahmen, in den wir ihn gesetzt haben, erweitern.

> *Gewöhnlich meinen wir, unser Geist nehme Eindrücke und Erfahrungen von außen auf, aber dies ist nicht das wahre Verständnis unseres Geistes. Das wahre Verständnis ist, dass der Geist alles umfasst; wenn ihr denkt, etwas würde von außerhalb kommen, bedeutet dies nur, dass es in eurem Bewusstsein erscheint. Nichts außerhalb eurer selbst kann euch Ängste verursachen. Ihr selbst macht die Wellen in eurem Geist. Wenn ihr euren Geist lasst, wie er ist, dann wird er ruhig. Dieses wird Großer Geist genannt.*
>
> SUZUKI ROSHI[4]

Wir machen uns wahrscheinlich nur wenig Gedanken über die Natur des Geistes. Die meiste Zeit betrachten wir ihn einfach als »Ich« – und dieses »Ich« als das, was »mein« Leben zu kontrollieren scheint. Das »Ich« halten wir offenbar für sehr wichtig. Doch unser Ich-Erleben ist nur ein vergleichsweise kleiner Teil unserer geistigen Erfahrung. Verglichen mit dem, was unter der bewussten Oberfläche geschieht, ist es nur die Spitze des Eisbergs. Unsere Träume erinnern uns daran. Wenn wir uns schlafen legen, ist es faszinierend zu sehen, was für Bilder entstehen, während wir in Halbschlaf sinken. Es ist, als sei die Traumwelt immer da – wie ein Schauspiel, das unter der Oberfläche immer weitergeht. Beobachtet man beim Einschlafen, wie man die Grenze des Bewusstseins überschreitet, dann kann man gelegentlich einen kurzen Blick in diese tieferen Regionen des Geistes werfen.

Doch bewusst zu sein ist nicht bloß eine Frage von Wachen oder Schlafen – selbst wenn wir wach sind, sind wir nur relativ bewusst. Das zeigt sich daran, dass wir nur selten genau wissen, warum wir etwas tun. Gewöhnlich »ist uns einfach irgendwie danach«, dies oder das zu tun, was darauf hinweist, dass uns unbewusste Motive antreiben. Wenn Sie sich spirituell entwickeln wollen, müssen Sie sich bemühen, diesen Nebel der Blindheit gegenüber sich selbst aufzulösen. Im Verlauf Ihrer Selbsterforschung können Sie gelegentlich einen flüchtigen Blick auf Impulse an den Randbezirken des Gewahrseins werfen, die Sie antreiben. Mit zunehmender Erfahrung werden Sie Seiten von sich entdecken, deren Existenz Sie nie für möglich gehalten hätten. Manche sind viel edler, als Sie vermutet hätten, andere dagegen sind düster und beunruhigend. Sich geistig oder spirituell zu entwickeln heißt, größer zu werden und diese unterschiedlichen Aspekte des Geistes in eine immer vollkommenere Harmonie zu bringen.

Lernen, in allen Farben zu leben

Die Entwicklung des reflexiven Bewusstseins oder Gewahrseins unserer selbst ist der Schlüssel zur Vertiefung und Erweiterung des Geistes. Dabei geht es um einen Zustand, in dem man sich dessen bewusst ist, dass man bewusst ist, oder weiß, dass man weiß. Reflexives Bewusstsein bringt mehr Farbe und Tiefe – gelegentlich auch mehr Schmerz – ins Leben. Manchmal kann man es fühlen, wenn diese Dimension fehlt: Dann mangelt es an Farbigkeit und Interesse, und unser ganzes Erleben ist eher grau in grau getönt. In solchen Zeiten würden wir es wirklich vorziehen, uns nicht unserer selbst bewusst zu sein; manchmal tut Bewusstheit eben allzu weh. Dann ziehen wir uns in unser Schneckenhaus zurück oder lenken uns vorsätzlich ab.

Wer aber seine Existenz voll und ganz annimmt, beginnt in allen herrlichen Farben zu leben. Das können manchmal durchaus harte und grelle Farben sein, aber auch sie können sehr schön sein. In solchen Augenblicken reflexiven Gewahrseins sind wir ganz lebendig und durch und durch wir selbst.

Reflexives Bewusstsein gehört zur Natur des Menschen. Es ist der den Menschen auszeichnende Faktor, auf dem alles Einfühlungsvermögen für andere, die Fähigkeit zu schöpferischem Denken, aber auch unser Humor beruhen. Zweifellos sind wir uns aber unserer selbst nicht immer bewusst. Oft sind wir ganz in Gedanken und Sinneseindrücken verloren – ohne jedes Gewahrsein von irgendetwas oder jemand anderem. Man hat diesen Zustand »einfaches Bewusstsein« genannt. Tiere leben auf dieser Stufe. Es scheint, als könnten auch Menschen dauerhaft in dieses einfache Bewusstsein absinken, besonders wenn sie emotional etwas »farblos« sind. Wenn Sie aber wollen, ist es nicht allzu schwierig, reflexives Bewusstsein zu entwickeln. Sie müssen es bloß in allem entdecken, was Sie tun: Sie müssen bemerken, wenn »etwas« in Ihrer Erfahrung fehlt – bemerken, wenn Sie darin fehlen! –, und dann von neuem wahrnehmen, was Sie in jenem Moment wirklich fühlen und denken.

Jenseits von Subjekt und Objekt

Im Vergleich zum einfachen Bewusstsein gehört das reflexive Bewusstsein zu einer viel höheren Entwicklungsstufe. Gelegentlich aber kann man eine noch höhere Dimension erleben. Infolge einer einsichtsvollen Reflexion oder in einem Augenblick spontanen Klarblicks sehen wir »uns selbst« und »die Welt« vielleicht auf eine tiefere, eher universale Weise, so dass diese Worte nicht mehr ganz auf unser Erleben passen. Wann immer man die Erfahrung, die »Ich« oder »Selbst« genannt wird, auch nur in einem geringen Ausmaß transzendiert, erlebt man jene Dimension, die transzendentes Bewusstsein heißt.

Wald.
Tausende Baum-Körper und meiner.
Blätter winken,
Ohren, die den Ruf des Flusses vernehmen,
Augen schauen den Himmel des Geistes,
Ein Halb-Lächeln entfaltet sich auf jedem Blatt.
Hier ist ein Wald,
Weil ich hier bin.
Doch der Geist ist dem Wald gefolgt
Und hat sich in Grün gekleidet.

THICH NHAT HANH[5]

Sich verändern

Das Ziel von Meditation ist die Umwandlung unserer Existenz von der Stufe einfachen Bewusstseins über reflexives Bewusstsein bis hin zu transzendentem Bewusstsein. Diese Wandlung beginnt auf ganz natürliche Weise, wenn Sie versuchen, achtsam zu sein. Meditation beleuchtet wie eine sanft scheinende Lampe all die wunderbaren Eigenschaften, die bislang von verwirrten Emotionen und Einstellungen zugedeckt waren. Mit wachsender Bewusstheit lösen sich die Hindernisse, die Ihrer Freiheit im Wege stehen, langsam auf: Klarheit ersetzt Verwirrung, Unwissenheit wird zu Weisheit, und negative Emotion wandelt sich in positive. Auf diese Weise werden Meditation und andere Hilfsmittel zur Erleuchtung Ihr ganzes Leben zum Besseren wenden.

Zweifellos werden manche Menschen – zumal, wenn Sie in einer entsprechenden Stimmung sind – alle diese hochtrabenden Worte über geistige Verwandlung auf naive Weise »blauäugig« finden. Es ist natürlich wichtig, neue Ideen nicht einfach unkritisch zu übernehmen. Ernsthafte Zweifel und die ehrliche Bereitschaft, ihnen auf den Grund zu gehen, können sehr nützlich für das persönliche Wachstum sein. Manchmal aber sind Zweifel nur eine schlechte Angewohnheit. Ich bin vielen Leuten begegnet, die zu einer Art von Skepsis neigten, die nicht nur unrealistisch, sondern geradezu zerstörerisch für ihr natürliches Selbstvertrauen war. Vielleicht sind Sie mit dem, was Sie hindert, frei zu sein, nur zu gut vertraut; möglicherweise wissen Sie ganz genau, zu welchem Chaos Ihr Geist fähig ist. Das alles ist aber kein echter Grund zum Zweifeln – vielmehr versetzt eine solche Selbstkenntnis Sie erst in die Lage weiterzugehen. Es gibt sehr viele Menschen, die eine wahrlich naive Auffassung von sich selbst haben! Darum tun Sie gut daran, sich die Botschaft des Buddha zu Herzen zu nehmen, dass alle nur denkbaren Hindernisse, auf die Sie treffen werden, überwindbar sind und dass wirklich jeder sie überwinden kann. Die Zuversicht, dass man sich selbst verändern kann – und zwar Schritt für Schritt –, ist die Grundlage des ganzen spirituellen Lebens.

Ein solches Vorhaben lohnt ganz sicher die Mühe, denn Ihre persönliche Entwicklung nützt nicht nur Ihnen, sondern allen. Wer die Mühe nicht scheut, wird zum Segen für seine Umgebung wie für sich selbst. Auf längere Sicht, etwa im Lauf eines ganzen Lebens, gibt es nach den Worten des Buddha absolut keine Begrenzung dessen, was Sie aus sich selbst machen können. Nur sehr wenige Menschen werden sich darüber klar. Es stimmt: Eine solche Verwandlung ist eine gewaltige Aufgabe, die äußersten Einsatz fordert. Ein tibetisches Sprichwort sagt, dass Aufgaben, die uns nichts abverlangen, wahrscheinlich der Mühe nicht wert sind. Spirituelle Entwicklung gilt als die bestmögliche Nutzung des menschlichen Lebens. Dieses Buch soll Ihnen helfen, mit dieser großen Verwandlung zu beginnen.

Die Vergegenwärtigung des Atems

Die Gabe der Aufmerksamkeit

Sie wissen wahrscheinlich, wie es ist, mit jemandem zu reden, dessen Gedanken ganz woanders sind und der Ihnen keine Aufmerksamkeit schenken kann oder will. Eine solche Erfahrung kann ziemlich frustrierend sein. Etwas von dieser Frustration erleben wir eigentlich fast immer, denn wir sind nur selten fähig, unsere Aufmerksamkeit ungeteilt auf eine Sache zu richten. Meistens haben wir so viele Dinge zugleich im Kopf, dass unsere Aufmerksamkeit leicht abgelenkt wird. Zerstreutheit wird auf diese Weise zum normalen Bestandteil unseres Lebens, zu einem Kennzeichen unseres Bewusstseins. »Ablenkungen lenken uns von unseren Ablenkungen ab« – manchmal entfernen wir uns so weit von unseren ursprünglichen Zielen, dass wir sogar den Blick dafür verlieren, was uns lieb und wichtig ist. Zuweilen gleicht unser Leben einem jener Träume, in denen sich alles gegen uns verschwört, um uns daran zu hindern, etwas Bestimmtes zu tun – und im Hintergrund haben wir das frustrierende Gefühl, dass es da doch irgendetwas gab, das wir wirklich tun wollten; nur können wir uns nicht mehr daran erinnern, was es denn eigentlich war.

Durch eine Steigerung unseres Konzentrationsvermögens gewinnen wir viel. Wenn wir unsere Aufmerksamkeit sammeln, fangen wir an, »zu uns selbst zu finden«. Die Methode der Vergegenwärtigung des Atems (Pali *anapanasati*) ist ein Hilfsmittel für diese Art der Konzentration. Sie zeigt, wie man den Geist entspannt und friedlich um ein einziges Objekt sammelt.

Es ist wichtig zu verstehen, dass man den Geist nicht zwingen kann, sich zu konzentrieren – wenigstens nicht sehr lange und nicht sonderlich effektiv. Wer Zwang einsetzt, um seine Aufmerksamkeit bei einer Sache zu halten, dessen Emotionen werden bald in Form geistiger Unruhe oder Stumpfheit dagegen rebellieren. Echte Sammlung des Geistes beruht auf einem harmonischen Gleichgewicht intellektueller und emotionaler Kräfte. Bei den meisten Menschen operieren diese allerdings oft getrennt voneinander. Wie leicht können wir über etwas nachdenken, ohne dabei zu wissen, was wir fühlen, oder wir lassen uns gedankenlos von unseren Emotionen treiben! In diesem Zustand geistigen Ungleichgewichts sind wir von einer tieferen Erfahrung unserer selbst abgeschnitten, und so können wir uns niemals voll konzentrieren.

Oft kann man dieses Ungleichgewicht in anderen erkennen. Gelegentlich sagen wir zum Beispiel: »Sei vorsichtig, was du sagst – sie ist heute nicht ganz sie selbst«, oder positiv: »Ich bin sicher, du wirst Soundso mögen – er ist immer ganz er selbst.« Wenn wir überlegen, ob eine Person »sie selbst« ist oder nicht, versuchen wir, ihre innere Balance von Verstand und Emotion zu erspüren. »Man selbst zu sein« im umfassendsten Sinn des Ausdrucks ist das vordringliche Ziel von Sammlungsmeditation.

Viele Faktoren tragen zur Fähigkeit bei, aufmerksam zu sein. Offenbar können sich manche Leute auf ganz natürliche Weise besser konzentrieren als andere, deren Aufmerksamkeit zerstreuter ist. Auch findet man es je nach Zeit und Umständen leichter oder schwieriger: Äußerer Druck, wechselnde Stimmungen und selbst die Tageszeit können eine Rolle spielen. Sogar einer gewöhnlich ruhigen und gesammelten Person können in einer Krise die Nerven durchgehen, während ein begeisterter und hochmotivierter Mensch vielleicht unruhig wird, wenn er nichts zu tun hat. In einem gewissen Grad können wir uns aber alle konzentrieren. Wollen Sie dabei weitere Fortschritte machen, dann müssen Sie Ihre Konzentration vertiefen und in ein Gleichgewicht bringen, so dass sie von äußeren Umständen unabhängiger wird.

Die Methode der Vergegenwärtigung des Atems

Die Grundtechnik dieser Meditationsübung ist sehr einfach. Man richtet seine Aufmerksamkeit fortwährend auf den Atem, wie er in den Körper ein- und wieder ausströmt, und sobald man merkt, dass die Aufmerksamkeit abschweift, bringt man sie sanft zum Atem zurück.

Fahren Sie damit eine Zeit lang fort, wird die Aufmerksamkeit tiefer und stabiler werden, während die geistigen Abschweifungen allmählich verebben. Wenn Sie die Aufmerksamkeit immer wieder zum Atem zurückbringen, wird ein Gefühl entstehen, als würden Ihre zerstreuten Energien gebündelt – eingekreist wie streunendes Vieh. Zu erleben, wie der Geist sich auf solche Weise sammelt, ist einzigartig befriedigend: Sie fühlen sich zunehmend friedlich, entspannt und geistesklar. Sobald Sie fähig sind, die Aufmerksamkeit ohne Unterbrechung beim Atem verweilen zu lassen, werden Sie ganz in dieser Erfahrung aufgehen. Dabei erleben Sie ein deutliches Gefühl von Integration oder die Erfahrung, »ganz bei sich zu sein«.

Eigentlich gibt es keinen Grund, warum man nicht jeden beliebigen Gegenstand als Fokus der Sammlung benutzen sollte. Der Atem ist nur eines von Tausenden möglicher Konzentrationsobjekte. Sie könnten sich zum Beispiel auf einen kleinen sichtbaren Gegenstand konzentrieren – vielleicht auf eine Streichholzschachtel, einen schwarzen Punkt oder eine Apfelsine. Die Schwierigkeit dabei ist, dass man, solange man mit Meditationstechniken noch nicht vertraut ist, solche Dinge leicht langweilig findet oder sie hypnotisch zu fixieren beginnt.

Der Atem hingegen ist als Objekt der Meditation besonders gut geeignet, da er ein tiefes Interesse in uns wachrufen kann und gleichzeitig eine gewisse Flexibilität erlaubt. Ein flexibler Geist ist wichtig, denn wenn unsere Aufmerksamkeit hölzern und steif wird, verlieren wir die Lust und damit die nötige Energie. Atmen an sich ist bereits interessant: Es ist eine deutlich spürbare Empfindung mit einem bestimmten Rhythmus und einer sanften sinnlichen Qualität, der man sich ganz natürlich gerne und interessiert zuwendet. Überdies ist der Atem ziemlich geheimnisvoll: Er ist der Lebensodem, von dem alle Lebewesen in jedem Augenblick ihres Daseins abhängen.

Vielleicht ist die Qualität des Atems deshalb so eng mit unserer körperlichen und geistigen Verfassung verbunden, weil das Atmen lebensnotwendig ist. Wenn wir emotional aufgewühlt sind, beschleunigt sich der Atem. Entspannt sich der Körper, dann beruhigt sich auch der Atem, und mit ruhigerem Atem wird auch der Geist entsprechend gesammelt, gelassen und innerlich zufrieden.

Obwohl der Atem die Aufmerksamkeit auf so viele Weisen fesseln kann, ist dennoch ein gewisses Maß an Bemühung nötig, um für die Dauer einer ganzen Meditationssitzung den Faden nicht zu verlieren. Hin und wieder werden Sie wahrscheinlich bemerken, dass Sie abschweifen und vielleicht sogar ganz vergessen haben, was Sie gerade tun. Um den Geist bei der Sache zu halten, benutzt man deshalb in den ersten Abschnitten der Vergegenwärtigung des Atems die Technik, jeden Atemzug mit einer Zahl zwischen eins und zehn zu »etikettieren«.

Die Abschnitte der Vergegenwärtigung des Atems

Ich werde nun die vier Phasen dieser Meditationsmethode beschreiben. Sie können sie, wenn Sie wollen, gleich ausprobieren. Sorgen Sie dafür, dass Ihre Sitzhaltung für eine Dauer von fünfzehn bis zwanzig Minuten ausreichend bequem ist, und lesen Sie zuerst die Beschreibung der Phasen zu Ende durch, bevor Sie beginnen.

Ein kurzer Überblick über die vier Abschnitte

Sitzen Sie zuerst ein oder zwei Minuten lang still da, um sich zu entspannen und »anzukommen«.

(1) Spüren Sie die Empfindungen des Atems, wie er ganz natürlich in den Körper hinein- und wieder herausfließt. Kurz nachdem jeder einzelne Atemzug den Körper verlassen hat, markieren Sie dies in Gedanken mit einer Zahl. Auf diese Weise zählen Sie zehn Atemzüge und beginnen dann wieder mit der Zahl »Eins«.

(2) Nachdem Sie das eine Weile lang getan haben (vielleicht vier oder fünf Minuten), zählen Sie nun jeden Atemzug, kurz bevor er in

den Körper eintritt – erneut zehn Atemzüge lang, bis Sie wieder mit der Zahl »Eins« beginnen.

(3) Nach einigen Minuten dieser zweiten Phase hören Sie mit dem Zählen auf und spüren einfach den gesamten Atemfluss.

(4) Schließlich richten Sie Ihre Aufmerksamkeit auf den Punkt, an dem Sie die erste Berührung der einströmenden Luft körperlich spüren (das wird wahrscheinlich in oder an den Nasenlöchern oder an der Oberlippe sein – der genaue Ort ist nicht so wichtig). Wählen Sie irgendeinen Punkt, der passend scheint, und lassen Sie Ihre Aufmerksamkeit bei den feinen Empfindungen verweilen, die der Luftstrom an diesem Punkt hervorruft.

Abschnitte der Vergegenwärtigung des Atems

Vorbereitung	Sitzen Sie bequem. Sitzen Sie eine oder zwei Minuten lang still – entspannen Sie sich, »kommen Sie an«.
Phase 1	Erleben Sie die Empfindung des Atems. Markieren Sie das Ende jeder Ausatmung mit einer Zahl.
Phase 2	Markieren Sie den Beginn jeder Einatmung mit einer Zahl.
Phase 3	Hören Sie auf zu zählen, und erleben Sie den ganzen Atemfluss.
Phase 4	Halten Sie Ihre Aufmerksamkeit an dem Punkt, an dem der Luftstrom gut spürbar ist.

Die vier Abschnitte im Einzelnen

Nehmen Sie sich zuerst einige Minuten Zeit, um sich zu entspannen und »anzukommen«. Ihre Hände ruhen ineinander gelegt im Schoß oder auf Ihren Knien. Legen Sie alles, was Sie für eine bequeme Sitzhaltung brauchen, schon vorher bereit. (Sie müssen wahrscheinlich mit verschiedenen Kombinationen von Kissen und Decken experimentieren, bevor alles genau stimmt.) Am besten schließen Sie die Augen; wenn Sie allerdings befürchten, schläfrig zu werden, halten Sie sie halb geöffnet.

Wenden Sie Ihre Aufmerksamkeit nun dem Atem zu. Lassen Sie jeden Atemzug so kommen, wie er will, ohne seinen natürlichen Fluss irgendwie zu verändern – einige Atemzüge können kurz sein, andere lang; manchmal fühlt sich der Atem schwerfällig, grob oder wie ein Seufzer an, ein andermal ist er glatt, fein und kaum wahrnehmbar. Was auch geschieht, erleben Sie jeden Atemzug, wie er von allein kommt und geht.

Markieren Sie nun jeden Atemzug mit einer Zahl, um Ihre Aufmerksamkeit stetiger zu machen. Erleben Sie die gesamte Empfindung des Atems, wie er durch die Nase in die Lungen strömt und wieder hinaus. Gleich nach dem Ende des Ausatems zählen Sie still »eins«. Erleben Sie dann das Kommen und Gehen des nächsten Atemzugs, und zählen Sie »zwei«. Wieder atmen Sie ein, atmen aus und zählen »drei«. Spüren Sie weiterhin jeden Atemzug, und zählen Sie nach jedem Ausatem, bis Sie »zehn« erreicht haben. Kehren Sie dann zu »eins« zurück, und wiederholen Sie das Ganze.

Halten Sie sich während des ganzen ersten Abschnitts immer wieder an diese Zahlenfolge. Jedes Mal, wenn Sie bemerken, dass die Aufmerksamkeit abgeschweift ist, bringen Sie sie sofort zum Atem und zum Zählen zurück. Gewöhnen Sie sich daran, ohne Zögern zur Meditation zurückzukehren, ohne sich zu fragen, woher die Ablenkung kam, oder anderweitig darüber nachzudenken. Solche Gedanken sind unnütze Ablenkungen, die jetzt nur Energie verschwenden würden; wenn Sie wollen, können Sie später darüber nachdenken. Kommen Sie immer wieder geduldig zur Empfindung des Atems zurück – mit der Zeit werden Sie es leichter finden, ganz darauf konzentriert zu bleiben.

Zählen Sie auf diese Weise – nach der Ausatmung – für den Rest der ersten Phase weiter, und gehen Sie dann zur zweiten Phase über.

Zählen Sie nun unmittelbar vor jedem Atemzug: Ahnen Sie jedes Einströmen des Atems voraus. Dies ist nur eine geringfügige Änderung gegenüber der ersten Phase, aber Sie werden bemerken, dass sich die Meditation nun ziemlich anders anfühlt.

Zählen Sie »eins«, und erleben Sie, wie der Strom des Atems hereinkommt und wieder hinausgeht. Dann zählen Sie »zwei« und spüren erneut den ein- und ausströmenden Atem. Zählen Sie »drei«, und fühlen Sie wiederum Ein- und Ausatmung. Markieren Sie weiterhin jeden Einatem mit einer Zahl, bis Sie bei »zehn« angekommen sind. Dann kehren Sie genau wie zuvor zu »eins« zurück.

Sie werden wahrscheinlich die Erfahrung machen, dass Ihre Aufmerksamkeit in dieser Phase etwas schärfer wird, da Sie ein wenig aktiver sein müssen, um jeden Atemzug vorauszuahnen. Im Allgemeinen hilft dieser Abschnitt, die Konzentration zu festigen. Zählen Sie auf die gleiche Weise weiter, und bringen Sie nach wie vor Ihre Aufmerksamkeit geduldig zur Atemempfindung zurück, wann immer sie verloren geht. Gehen Sie nach einigen Minuten zur dritten Phase über.

Wenn Sie die zwei ersten Abschnitte insgesamt vielleicht zehn Minuten oder länger geübt haben, werden Sie wahrscheinlich ein gewisses Maß an Konzentration erreicht haben. Selbst wenn Sie nicht diesen Eindruck haben, sollten Sie zur nächsten Phase übergehen. Die Veränderung ist vielleicht nicht sehr deutlich (wahrscheinlich gibt es immer noch Ablenkungen), aber von nun an ist es weniger wichtig, jeden einzelnen Atemzug zu zählen.

Hören Sie also auf zu zählen, und folgen Sie dem natürlichen Fluss des Atems so kontinuierlich wie möglich. Spüren Sie, wie er in Ihre Lungen hinunterfließt, das Zwerchfell dehnt und die Bauchdecke leicht hebt und senkt. (Nehmen Sie das als einen Teil Ihrer Gesamterfahrung wahr, und verzetteln Sie sich nicht in physiologischen Details.) Schenken Sie den Umkehrpunkten zwischen den Atemzügen besondere Aufmerksamkeit, also jenen Punkten, an denen sich die Richtung des Atems von aus- nach einwärts und von ein- nach auswärts umkehrt wie beim Wechsel der Gezeiten. Das wird Ihnen helfen, sich jeweils des gesamten Atemflusses bewusst zu sein, so dass Ihre Aufmerksamkeit vollkommen stetig von einem Atemzug zum nächsten geht.

Gestatten Sie der Atmung, sich auf natürliche Weise zu beruhigen, und erlauben Sie Ihrem Geist und Körper, mit dieser Beruhigung ebenfalls still zu werden. Während dieser Phase werden Ihre Aufmerksamkeit wie auch Ihre Körperhaltung wahrscheinlich beide stiller und subtiler – lassen Sie das geschehen.

Bleiben Sie einige Minuten lang beim Atem, und bringen Sie die Aufmerksamkeit immer geduldig zurück, wenn sie wandert. Halten Sie gegenwärtig, was Sie zu tun beabsichtigen, sonst vergessen Sie es und werden abgelenkt. Gehen Sie dann weiter zur vierten Phase.

Sammeln Sie Ihre Aufmerksamkeit nun auf die feine Empfindung genau an der Stelle, wo Sie die Luft in den Körper ein- und austreten spüren. Das wird wahrscheinlich im Bereich der Nasenlöcher oder der Oberlippe sein; sie könnte aber auch weiter innerhalb der Atemwege in Richtung der Kehle liegen. Wählen Sie den Punkt, der Ihnen am besten scheint, und verweilen Sie dort.

Wenn der Atem diesen Punkt passiert, spüren Sie vielleicht eine sanfte, flüchtige Berührung, die sich beim Einströmen kühl, beim Ausströmen warm anfühlt. Verweilen Sie möglichst ohne Unterbrechung an dieser Stelle der Empfindung. Richten Sie die Aufmerksamkeit nicht gewaltsam darauf, sondern versuchen Sie einfach, offen und empfänglich zu sein. Spüren Sie alle Einzelheiten, all die kleinen Veränderungen im Empfinden, und zwar in jeder der verschiedenen Phasen – der Einatmung, der Ausatmung und der Umkehrpunkte dazwischen. Spitzen Sie Ihre Wahrnehmung so sehr zu, dass Sie fast schon auf die Empfindung lauschen.

Dazu ist eine äußerst genaue Aufmerksamkeit nötig, denn die Empfindung ist sehr fein, und ihre Qualität ändert sich in jedem Augenblick. Zuletzt wird sie vielleicht so subtil, dass sie kaum mehr wahrnehmbar ist – sie kann scheinbar ganz verschwinden, so dass Sie sie auch dann nicht mehr wahrnehmen können, wenn Sie es versuchen. Falls das geschieht, können Sie davon ausgehen, dass die Atmung nicht wirklich verschwunden ist – sie ist nur sehr ruhig geworden. Nun müssen Sie wieder nach der Atemempfindung suchen, indem Sie die Konzentration auf eine neue Weise weich und still werden lassen. Auf dieser Stufe muss Ihr Geist noch feinfühliger werden, um dem feiner gewordenen Objekt von neuem zu entsprechen.

Wenn der Atem immer feiner und sachter wird, kann der Geist eine nie zuvor erlebte Tiefe der Stille erreichen – eine Stille, die zugleich voller Freude und Glückseligkeit ist.

Die Meditation beenden

Wenn Sie so weit sind, bringen Sie die Übung allmählich und sanft zu Ende. Öffnen Sie langsam die Augen, und sitzen Sie noch eine Weile still da, bevor Sie aufstehen. Stehen Sie nicht abrupt auf, selbst wenn Sie sich nun voller Tatendrang fühlen, denn das könnte Ihre Stimmung unangenehm erschüttern. Es würde vielleicht sogar dazu führen, dass Sie später am Tag überempfindlich und reizbar werden.

Es ist wirklich wichtig, sanft von der Meditationssitzung zum weiteren Tagesablauf überzugehen. Stürzen Sie sich keinesfalls sofort in hektische Geschäftigkeit, sondern machen Sie etwas Ruhiges. Einige Minuten sind dafür schon genug. Ob Sie aus dem Fenster schauen, einen kurzen Spaziergang machen, etwas Warmes trinken – tun Sie jedenfalls etwas Beschauliches, um die Erfahrung ganz in sich aufzunehmen, und das auch dann, wenn in der Meditation anscheinend nichts Besonderes passiert ist. Bedenken Sie: Die Wirkung einer Meditationssitzung muss nicht sofort erkennbar sein.

Allgemeine Übungshinweise

Wie man sitzt

Wenn Sie einen geeigneten Ort gefunden haben, ist es wichtig, dass Sie bequem sitzen können. Beachten Sie, dass Sie ungefähr zwanzig Minuten lang still sitzen werden. Selbst ein geringes Unbehagen kann Ihre Aufmerksamkeit nach einer Weile stark beeinträchtigen.

Die Haltung sollte vor allem stabil und bequem und der Rücken aufrecht sein. Auf welche Weise Sie das erreichen, ist nicht entscheidend; Sie können auf einem Küchenstuhl, rittlings auf einem Stapel Kissen oder im traditionellen Stil mit gekreuzten Beinen sitzen.

Im Kapitel »Die Meditationshaltung« besprechen wir Einzelheiten zu den verschiedenen Sitzarten beim Meditieren. Die Illustrationen jenes Kapitels zeigen verschiedene Varianten, unter denen Sie wählen können. Wenn Ihre Hüftgelenke – wie bei den meisten Menschen – eher steif sind, so dass Sie nicht lange mit gekreuzten Beinen sitzen können, ist es für Sie wahrscheinlich am besten, auf einer dicken Decke mit einem hohen Stapel Kissen zwischen den Beinen zu knien. Die Decke verhindert, dass die Beine einschlafen, und der Kissenstapel erleichtert es, den Rücken aufrecht zu halten.

Diese Anmerkungen gelten auch für die Haltung mit gekreuzten Beinen – benutzen Sie reichlich Kissen. Legen Sie außerdem möglichst eine gefaltete Decke unter.

Benutzen Sie ruhig einen Küchenstuhl, wenn das leichter ist, aber lehnen Sie sich nicht an (es sei denn, Sie haben Rückenprobleme), denn sonst wird Ihre Haltung leicht in sich zusammensinken.

Stellen Sie sicher, dass Sie ungestört sind

Zum Meditieren brauchen Sie einen ruhigen Platz. Am besten ist es, wenn Sie sicher sind, dass niemand Sie stören wird. Wenn Sie zum Beispiel glauben, jemand könnte während der Meditation anrufen, dann ist es ratsam, das Telefon abzustellen.

Die Gewissheit, nicht gestört zu werden, wird Ihnen bestimmt helfen, sich tiefer zu entspannen und sich ganz der Meditation zu überlassen. Es lohnt sich sehr, alles Erdenkliche zu tun, um diese Ungestörtheit sicherzustellen. Ihr Bemühen um Konzentration macht Sie für Ablenkungen besonders anfällig. So können Musik oder Gespräche im Nachbarzimmer Anlass zum Ärgern geben. Machen Sie aber andererseits auch nicht zu viel Aufhebens darum – irgendwelche Störungen der einen oder anderen Art wird es immer geben. Selbst wenn Sie ganz allein auf dem Land sind, gibt es alle möglichen ablenkenden Geräusche, an die sich der Geist hängen kann. Nachdem Sie alle Störungsquellen beseitigt haben, die Sie selbst beeinflussen können, üben Sie sich in Geduld. Entspannen Sie! Lassen Sie die ablenkenden Geräusche einfach kommen und dann »in den Hintergrund« treten, während Sie sich auf den Atem konzentrieren.

Wissen, was man tut

Nehmen Sie sich genügend Zeit, um die wichtigsten Anleitungen zu lesen. Stellen Sie sicher, dass Sie genau verstehen, was in jedem Abschnitt zu tun ist, damit Sie nicht mittendrin abbrechen und nachlesen müssen.

Wenn Sie vorhaben, Meditation als regelmäßige Übung aufzunehmen, werden Sie bald mehr persönliche Anleitung benötigen, als dieses Buch geben kann. Erkundigen Sie sich dann nach buddhistischen Meditationskursen in Ihrer Nähe.

Von einem Abschnitt zum nächsten weitergehen

Es kann schwierig sein, die Dauer der einzelnen Abschnitte einer Meditation selbst zu messen. Manche Leute bespielen eine Kassette mit Glockenschlägen im Fünf- oder Zehnminutentakt, um die Phasen zu markieren. Vielleicht kommt das auch für Sie in Frage. Aber es ist nicht nötig, genau gleich lange Phasen einzuhalten. Außerdem können Sie schnell lernen, die Dauer der Phasen ungefähr einzuschätzen, indem Sie eine Uhr benutzen. Einige Menschen finden es allerdings ablenkend, die Augen auch nur für einen Moment zu öffnen. Falls das auch für Sie gilt, gehen Sie einfach dann zum nächsten Abschnitt über, wenn Sie glauben, dass Sie dazu bereit sind. Sobald Ihre Konzentration in einem Abschnitt genügend gefestigt ist oder wenn ausreichend Zeit verstrichen ist, können Sie weitergehen.

Auch wenn Sie in einem Abschnitt nach einiger Zeit immer noch nicht besonders gesammelt sind, sollten Sie ruhig zum nächsten weitergehen. Klammern Sie sich nicht an die einzelnen Phasen – benutzen Sie sie, um auf verschiedene Weise an Ihrer Konzentration zu arbeiten. Es wird Ihnen helfen, wenn Sie in allen Phasen Erfahrungen sammeln. Selbst nach einem schwierigen Einstieg führt manchmal einer der folgenden Abschnitte zu einer tieferen Konzentration.

Vertrauen in den Prozess der Wandlung

Seien Sie nicht bestürzt, wenn Sie gelegentlich sehr abgelenkt sind. Spirituelle Entwicklung verläuft nun einmal nicht linear! Fortschritte in Richtung einer tieferen Konzentration werden oft nur auf Umwegen erzielt.

Selbst erfahrene Meditierende müssen erleben, dass sie gelegentlich nicht einmal drei aufeinander folgende Atemzüge zählen können, ohne völlig abzuschweifen. Nur Mut, es ist ein Abenteuer für uns alle! Die Vergegenwärtigung des Atems ist sehr wirkungsvoll gegen die Neigung des Geistes, sich ablenken zu lassen, und oft gibt es irgendwann eine innere Gegenreaktion. Wenn Sie ausdauernd üben, werden sich diese Dissonanzen mit der Zeit auflösen.

Denken Sie daran, dass Meditation auf den ganzen Geist wirkt und dass sich auf unterbewusster Ebene ein Wandel vollzieht. In schwierigen Zeiten brauchen Sie »Vertrauen in den Prozess«. Bleiben Sie geduldig. Meditieren Sie vor allem so regelmäßig wie möglich weiter, und fragen Sie einen Meditationslehrer oder eine -lehrerin um Rat. Es kann sehr viel ausmachen, gelegentlich mit jemandem über Ihre Übung zu sprechen, der oder die selbst genügend Meditationserfahrung hat. Irgendwann wird Ihr Geisteszustand wieder besser werden. Selbst wenn es jede Menge Ablenkungen gegeben hat, können Sie gewöhnlich feststellen, dass Ihr Geisteszustand nach einer Meditationssitzung besser ist als vorher.

Die Übung genießen

Betrachten Sie die Meditation als etwas, das Ihnen viel Freude machen kann. Die langfristigen Ergebnisse der Meditationsübung werden auch dann angenehm und beglückend sein, wenn Sie diesen Genuss und dieses Glück nicht jedes Mal beim eigentlichen Sitzen erleben.

Sie werden zwei Dinge erkennen: Ihren gegenwärtigen Geisteszustand, der – je nachdem, was in Ihrem Leben gerade passiert – angenehm oder unangenehm sein mag, und die Wirkung des Meditierens auf diesen Geisteszustand. Ein Beispiel: Wenn Sie in einem emotional überreizten Zustand meditieren, werden Sie die Erfahrung wahrscheinlich nicht angenehm finden; Ihre Bemühung jedoch, den Geist zum Übungsobjekt zurückzubringen, wird Sie wahrscheinlich beruhigen und möglicherweise sogar den Konflikt auf der Stelle lösen. Vielleicht geschieht die Besserung auch allmählich über eine Reihe von Sitzungen hinweg.

Insgesamt sind die Wirkungen von Meditation sehr wohltuend, und je mehr Sie sie zu schätzen wissen, desto besser. Eine solche Wertschätzung beeinflusst Ihre Einstellung zur Meditation und Ihre Erwartungen an sie. So werden Sie sich in Bezug auf Ihre Übung generell wohl fühlen. Mit einer derart positiven Geisteshaltung zu meditieren wird wiederum Ihren Genuss weiter steigern, und dann werden Sie sich auch auf die nächste Übungsphase freuen.

Meditation über Freundlichkeit

Sie mögen glücklich und voll Frieden sein,
Die Wesen alle! Glück erfüll' ihr Herz!

Aus der Lehrrede des Buddha über liebevolle Freundlichkeit (Karaniya-Metta-Sutta)[6]

Die ältesten buddhistischen Texte beschreiben, dass der Buddha eine große Menge spiritueller Übungsmethoden lehrte. Er führte viele seiner Freunde und Schüler und überhaupt Tausende von Menschen in die Meditation ein. Dabei stellte er sich immer wieder auf die Temperamente und die spirituellen Bedürfnisse der Einzelnen ein. Unter den vielen Methoden, die er lehrte, hob er zwei ganz besonders hervor. Dies waren die eben beschriebene Vergegenwärtigung des Atems sowie eine Übung zur Entwicklung von Freundlichkeit: die *metta-bhavana*[7].

Freundlichkeit ist für die spirituelle Entwicklung mindestens so wichtig wie Sammlung. Für viele Menschen wird sie sogar noch wichtiger sein. Sicherlich tat auch der Buddha seinen ersten Schritt in Richtung Erleuchtung mit einer Haltung von Freundlichkeit. Er hatte den Wunsch, dass alle Menschen wahrhaft glücklich sein sollten. Ohne eine solche Geisteshaltung gibt es wahrscheinlich überhaupt keine wertvolle menschliche Entwicklung.

Wir erwarten ganz selbstverständlich, dass die Weisheit eines Buddha von Glück und Freundlichkeit und nicht etwa von Unfreundlichkeit und Abneigung erfüllt ist. Wer voller Hass ist, kann nicht zugleich weise sein. Jeder weiß aus eigener Erfahrung, wie eng und beschränkt sich der Geist anfühlt, wenn man mürrisch und reizbar ist. Auch wissen wir, dass wir für andere leichter freundliche Gefühle hegen können, wenn wir selbst wohlauf sind.

Durch die Meditation über Metta oder liebende Güte können Sie gesündere Geisteszustände kultivieren, wann immer Sie es wünschen.

Manche Menschen sind überrascht, wie diese Meditation beginnt: Zuerst entwickelt man liebende Zuwendung sich selbst gegenüber. In diesem Anfang steckt anscheinend die folgende Botschaft: »Wenn du dich mit anderen anfreunden willst, lerne erst, dein eigener Freund/deine eigene Freundin zu sein.« Dieser einfache Gedanke enthält eine tiefe praktische Weisheit.

Doch schon an dieser Stelle kann ein Problem auftauchen. Viele Menschen finden es außerordentlich schwierig, sich selbst zu lieben – sie wissen ihre eigenen guten Seiten nicht zu würdigen. Das ist ziemlich häufig der Fall. Fragen Sie einmal einen Freund nach seinen guten Eigenschaften – manch einer fühlt sich bei dieser Frage seltsam unwohl. Etliche meiner Freunde schätzen wohl die Verdienste anderer sehr, aber sie akzeptieren nur widerstrebend, dass auch sie selbst gute Eigenschaften besitzen.

Manchmal hängt das zweifellos mit Höflichkeit oder Bescheidenheit zusammen – und sie kann echt oder gespielt sein. Häufiger aber liegt die Ursache in einem echten Mangel an Selbstvertrauen. Die Tendenz hierzu ist in unserer (westlichen, christlich geprägten) Kultur anscheinend tief verwurzelt. Es scheint fast, als dürften wir uns selbst nicht mögen. Infolgedessen leiden heutzutage viele Menschen an einem geringen Selbstwertgefühl. Manche bilden sich sogar ein, sie müssten Selbstvertrauen vorspiegeln, um von anderen akzeptiert zu werden. Das kann das Leben äußerst kompliziert machen.

Dieser Zustand ist sehr bedauerlich, denn Selbstvertrauen, der Glaube an das eigene Potential, ist absolut grundlegend für spirituelles Wachstum. Niemand kann sich entwickeln, ohne daran zu glauben, dass es möglich ist. Man muss wenigstens in einem gewissen Maß an sich selbst glauben. Ganz offensichtlich ist es für die Mehrheit aller Menschen nötig, sich selbst viel mehr wertzuschätzen, als sie das bisher getan hat. Die Metta-Bhavana ist gerade für die heutige, psychologisch schwierige Epoche besonders wertvoll. Sie stärkt das Selbstwertgefühl und lehrt, unser eigenes Potential und unsere Welt zu schätzen.

Die Abschnitte der Metta-Bhavana

An dieser Stelle möchte ich in die Methode der Metta-Bhavana einführen. Diese Meditationspraktik müssen wir ausführlicher erklären als die Vergegenwärtigung des Atems. Falls Sie die Methode gleich ausprobieren wollen, lesen Sie nur die folgende kurze Beschreibung.

Eine kurze Beschreibung der fünf Abschnitte

Stimmen Sie sich auf die Meditation ein, indem Sie ein paar Minuten lang still dasitzen – »kommen Sie an«, sammeln Sie Ihre Gedanken, und nehmen Sie Kontakt mit Ihren Gefühlen auf. Dann spüren Sie Ihren Körper, Ihre Emotionen, und führen Sie sich Ihr Leben allgemein vor Augen. Nun, und das ist eine ganz wichtige Frage: Wie fühlt es sich an, das zu tun? Seien Sie sich aller emotionalen Regungen wie Freude oder Traurigkeit bewusst. Spüren Sie, was da ist. Es ist nicht wichtig, ob Sie Worte dafür finden können; versuchen Sie es erst gar nicht! Erleben Sie einfach das, was gerade geschieht.

... Entwickeln Sie nun ein Gefühl von Freundlichkeit und Wohlwollen für sich selbst, und wünschen Sie sich selbst Wohlergehen. Vielleicht finden Sie es hilfreich, sich innerlich zu sagen: »Möge ich glücklich und zufrieden sein.« (Wiederholen Sie diese Worte aber nicht mechanisch, sondern erspüren Sie ihren Sinn.) Halten Sie die Aufmerksamkeit so stetig wie möglich bei diesem Gefühl von Freundlichkeit, und bringen Sie sie geduldig zurück, wenn sie abschweift. Nach ein paar Minuten ...

... konzentrieren Sie die Aufmerksamkeit auf einen guten Freund oder eine gute Freundin (vielleicht erscheint ein Bild dieses Menschen in Ihrem Geist, vielleicht ein Gefühl, ein Gesamteindruck oder auch eine Begebenheit aus der Vergangenheit). Wählen Sie in diesem Abschnitt niemanden, für den Sie »elterliche« Gefühle hegen (die Person sollte nicht sehr viel älter oder jünger als Sie selbst sein), und keine Person, die Sie sexuell anziehend finden. Die buddhistische Überlieferung rät, eine Person gleichen Geschlechts und ungefähr gleichen Alters zu wählen, und im Allgemeinen ist das ein guter Rat.

Spüren Sie Ihre Reaktion auf den Freund – so wie Sie jetzt für ihn empfinden –, und versuchen Sie, starke Gefühle von Freundlichkeit und Zuwendung entstehen zu lassen. Festigen und vertiefen Sie die freundschaftlichen Gefühle, so sehr Sie können. Nach einigen Minuten des Abschnitts für den guten Freund ...

... denken Sie an eine so genannte »neutrale« Person. Das ist jemand, den Sie weder besonders mögen noch ablehnen. Nehmen Sie wieder wahr, wie es sich anfühlt, an diese Person zu denken. Das Gefühl wird wahrscheinlich nicht sehr deutlich sein; bleiben Sie einfach bei dem, was Sie vorfinden, und suchen Sie nach einer freundlicheren, interessierteren Reaktion. Wünschen Sie diesem Menschen Glück – und bemühen Sie sich besonders darum, die Aufmerksamkeit stabil zu halten, denn es ist natürlich schwierig, an einer »neutralen« Person interessiert zu bleiben. Bleiben Sie also aufmerksam, und fahren Sie einige Minuten lang fort, Metta zu entwickeln. Dann ...

... wenden Sie Ihre Aufmerksamkeit einer schwierigen Person zu. Diese »schwierige Person« ist jemand, mit dem Sie zurzeit nicht besonders gut auskommen. Jeder Mensch, den Sie nicht mögen oder der Sie nicht mag, kommt hier in Frage. Spüren Sie erneut, wie Ihre tatsächliche innere Reaktion auf diesen Menschen in Ihrer Meditation ist. Wahrscheinlich haben Sie vorgefasste Meinungen darüber, wie Sie für diesen Menschen fühlen. Lassen Sie nicht zu, dass derartige Vorannahmen Ihre tatsächliche Reaktion behindern. Bemühen Sie sich um einen neuen emotionalen Zugang, der auf Verständnis und Wohlwollen beruht. Ohne sich dabei auf faule Kompromisse einzulassen, versuchen Sie, einfach alle Gefühle von Feindseligkeit und Widerwillen gehen zu lassen. Halten Sie Ihre Aufmerksamkeit bei dieser wohlwollenden Reaktion. Dann ...

... konzentrieren Sie sich auf alle vier Personen – sich selbst, Freund oder Freundin, neutrale Person und schwierige Person –, und entwickeln Sie für alle in gleicher Weise Metta, so dass Sie für keinen weniger Freundlichkeit spüren als für den anderen. Wenn Sie wollen, versammeln Sie in Ihrer Vorstellung alle um sich. Verbringen Sie damit ein paar Minuten (und vergessen Sie dabei nicht sich selbst!), um schließlich ...

... der Metta zu erlauben, sich in alle Richtungen auszudehnen – bis sie schließlich die ganze Welt umfasst. Beginnen Sie mit den Menschen in Ihrer unmittelbaren Umgebung, vielleicht im selben Raum oder Gebäude. Dann stellen Sie sich alle Menschen in der Nachbarschaft vor, danach alle im Ort, in der Stadt oder in dem Land, wo Sie sich gerade aufhalten. Breiten Sie Metta auf solche Weise in immer weiteren Kreisen aus – schließen Sie jeden ein: im eigenen Land, in diesem und in anderen Erdteilen, auf der ganzen Erde, im Universum. Denken Sie an all diese Menschen und was sie wohl gerade erleben mögen, während Sie hier meditieren. Schließen Sie auch alle Tiere und empfindenden Wesen mit ein. Versuchen Sie, mit gleich starker Liebe und Freundlichkeit an sie alle zu denken.

Die Abschnitte der Metta-Bhavana-Meditation

Vorbereitung	Sitzen Sie bequem und still. Stimmen Sie sich auf Ihre Erfahrung ein.
Phase 1	Entwickeln Sie Freundlichkeit für sich selbst.
Phase 2	Entwickeln Sie Freundlichkeit für einen Menschen, den Sie gerne mögen.
Phase 3	Entwickeln Sie Freundlichkeit für eine neutrale Person.
Phase 4	Entwickeln Sie Freundlichkeit für eine schwierige Person.
Phase 5a	Entwickeln Sie in gleichem Maß Freundlichkeit für jede der bisherigen Personen.
Phase 5b	Dehnen Sie die Freundlichkeit auf alle Wesen aus.

Eine detaillierte Beschreibung der fünf Abschnitte

Achtsames Einstimmen · Beginnen Sie, indem Sie sich erst einmal bequem hinsetzen. Versuchen Sie, auch körperlich, so still wie möglich zu sein. Das wird Ihnen helfen, sich auf Ihre gegenwärtigen Gefühle einzustimmen. Dieses »Einstimmen« ist eine wichtige Vorbereitung auf die Metta-Bhavana. Auch außerhalb der Meditation können Sie es natürlich jederzeit einsetzen.

Stimmen Sie sich auf Ihr aktuelles Erleben ein. Was Sie auch fühlen mögen, erleben Sie es so, wie es ist – spüren Sie das Angenehme und das Unangenehme und das »Weder-Noch«. Wenn es schmerzhafte Gefühlsempfindungen[8] gibt, tun Sie nicht so, als ob sie nicht da wären – versuchen Sie aber zugleich, sich nicht darüber zu ärgern oder ihretwegen zu verzweifeln. Spüren Sie sie ganz unparteiisch, wie sie sind. Das Gleiche gilt für die angenehmen Gefühlsempfindungen: Erkennen, erleben und genießen Sie das Angenehme, ohne sich in ihm zu verlieren (zum Beispiel in Phantasien).

Diese Art des Einstimmens auf die gegenwärtige Erfahrung heißt Achtsamkeit. (Sie ist dasselbe wie das reflexive Gewahrsein, das wir im Zusammenhang mit der Vergegenwärtigung des Atems bereits besprochen haben.) Wenn Sie mit Achtsamkeit üben, können Sie für einen längeren Zeitraum »eingestimmt bleiben«. Die Übung der Metta-Bhavana erfordert zumindest ein gewisses Maß dieser Fähigkeit. Sobald eine erste Grundlage geschaffen ist, können Sie mit mehr Erfindungsreichtum und emotionaler Präsenz darauf aufbauen.

Sollten Sie gar nichts fühlen, müssen Sie den Kontakt mit Ihren Sinnen wiederherstellen. Sitzen Sie sehr still, und »horchen« Sie nach innen. Seien Sie empfänglich für den »Grundton« Ihres Erlebens, selbst wenn gar nichts da zu sein scheint. Halten Sie die Aufmerksamkeit beim Körper, indem Sie sich vor allem auf Ihre Haltung konzentrieren; erleben Sie die Entspannung oder Anspannung der Muskeln und den allgemeinen Fluss der Körperenergie. Werden Sie sich auch der Atmung bewusst. Wenn Sie Ihrem Körper auf diese Weise Aufmerksamkeit schenken, finden Sie allmählich wieder Zugang zu den Sinnesempfindungen. Auf dieser Grundlage beginnen Sie schließlich auch Ihre Gefühlsempfindungen wahrzunehmen – die entweder angenehm oder unangenehm sind.

Es ist völlig in Ordnung, wenn Ihre Gefühlsempfindungen nur schwach sind. Oft sind sie sehr subtil – und sie müssen auch gar nicht überwältigend stark sein, damit man mit ihnen arbeiten kann. Metta lässt sich sehr wirksam entwickeln, wenn der »Gefühlspegel« zwar niedrig, aber stabil ist.

Fahren Sie fort, auf diese »empfängliche« Weise das Gewahrsein Ihrer Gefühlsempfindungen zu steigern, wenn Sie nun zugleich den eher »aktiven« Aspekt der Übung ins Spiel bringen. Entwickeln Sie mit Hilfe Ihrer Vorstellungskraft Regungen von Freundlichkeit und Wohlwollen – und zwar zunächst für sich selbst.

Entwickeln Sie Freundlichkeit für sich selbst · Unser Erleben ist nur selten ausschließlich angenehm oder ausschließlich unangenehm; normalerweise ist es eher »bittersüß«. Wenn Sie sich auf Ihr aktuelles Erleben einstimmen und dabei angenehme und positive Gefühlsempfindungen wahrnehmen, fällt es ziemlich leicht, Freundlichkeit und Wohlwollen zu kultivieren. Wenn aber Ihr Grundgefühl unangenehm oder neutral ist, müssen Sie möglichst vermeiden, mit Emotionen wie Gleichgültigkeit, Abneigung, Frustration oder Selbstmitleid darauf zu reagieren, denn sie alle können zu Hindernissen für Metta werden.

Stattdessen fahren Sie einfach fort, sich zu erleben und verständnisvoll anzunehmen, wie es Ihnen in diesem Augenblick genau geht. Bleiben Sie weiterhin achtsam mit dem Wissen, dass Gefühlsempfindungen vorübergehen und sich ändern können. Das Leid, das wir durch unsere eigenen Reaktionen auf Schmerzen erzeugen, ist oft viel schlimmer als diese Schmerzen selbst. Achtsamkeit ist eine schöpferische Antwort, die neue Qualitäten im Bewusstsein wecken kann – Qualitäten, aus denen schließlich sogar Freude entstehen kann.

Geduld zu üben kann den Zugang zu deutlicheren Regungen einer Lebenden Freundlichkeit öffnen. Anfangs mögen solche Regungen noch ganz zart sein, doch gibt es Wege, sie zu stärken, wenn man erst einmal damit begonnen hat.

Vielleicht finden Sie es hilfreich, zu sich selbst zu sagen: »Möge es mir gut gehen. Möge ich glücklich sein.« Auch andere Sätze können geeignet sein, freundliche Gefühle in Ihnen hervorzulocken. Wiederholen Sie die Worte nie mechanisch, sondern erwägen Sie ihre Bedeutung und öffnen Sie sich der inneren Antwort. Ein anderer Ansatz besteht darin, sich an eine Zeit zu erinnern, in der Sie sehr glücklich waren. Erleben Sie in Ihrer Vorstellung erneut, wie es damals war. Auch das könnte positive Emotionen wecken. Oder Sie betrachten Ihr Entwicklungspotential, das Sie mit entsprechender Selbstachtung und Selbstvertrauen tatsächlich verwirklichen können. Grundsätzlich können Sie jede Methode erforschen, die Ihnen für die Entwicklung von Metta brauchbar erscheint.

Die Metta-Bhavana nutzt die Gesetzmäßigkeit, dass Gedanken und Gefühle umso stärker werden, je mehr wir uns auf sie konzentrieren. Sobald Sie durch den eben beschriebenen Ansatz eine gewisse Freundlichkeit wahrnehmen, sollten Sie Ihre Aufmerksamkeit darauf richten und sie mit Ihrer gesamten Energie unterstützen. Dadurch wird die Metta allmählich tiefer und stabiler. Verlieren Sie sich nicht in Phantasien oder Ablenkungen – nutzen Sie Ihr Denken und Ihre Vorstellungskraft, um eine Verbindung zu Metta zu knüpfen, und bleiben Sie dann mit ganzem Herzen dabei. Dieses »Verweilen« oder »Fokussieren« ist der wichtigste Aspekt dieser Meditationsform. Es ist der Aspekt, der in größere Tiefen führt. Alles andere ist dagegen nur Vorbereitung.

Wenn es hilft, können Sie der Konzentration auch durch ein geistiges Bild eine »Richtung« geben. Ein mir bekannter Lehrer führt die Metta-Bhavana zum Beispiel häufig mit dem Bild einer sich öffnenden Blüte ein. Vielleicht stellen Sie sich auch einen strahlenden Sommertag vor, oder Sie sehen Ihren Körper mit wunderschönem Licht oder einer kühlenden Flüssigkeit gefüllt, die für die Liebe und Güte stehen, die Sie zu entfalten versuchen. Ein Bild kann oft Metta hervorrufen, wenn Worte und Gedanken allein kaum eine Wirkung zeigen.

Am Ende dieses ersten Abschnitts werden Sie wahrscheinlich in sich selbst glücklicher und zufriedener sein. Aber Stimmungen kommen und gehen; lassen Sie sich nicht abschrecken, wenn scheinbar nicht viel passiert ist. Gehen Sie jedenfalls nach vier oder fünf Minuten zum zweiten Abschnitt über. Dehnen Sie nicht in der Hoffnung, es werde »noch etwas passieren«, den ersten Abschnitt länger aus.

Schließlich ist es erst der Anfang der Übung: Schon aus diesem Grund allein fühlt sich die erste Phase oft etwas »kühler« an als die folgenden. Sie müssen sich noch »aufwärmen«. Ganz allgemein ist es in der Metta-Bhavana am besten, jeden Abschnitt zu nehmen, wie er kommt, ohne zwischendurch zu beurteilen, was Sie erreicht haben. (Sie können die Wirkungen der Meditation nur daran »objektiv« messen, inwieweit in Ihrem Leben mit der Zeit wesentliche Verbesserungen eingetreten sind.)

Entwickeln Sie Freundlichkeit für einen Menschen, den Sie gerne mögen · Entwickeln Sie nun Metta für einen guten Freund oder eine gute Freundin – jemanden, den Sie bereits mögen und für den Sie freundliche Gefühle hegen. Wählen Sie rasch, damit Sie zwischen den Phasen Ihre Sammlung nicht verlieren. (Dieser Rat gilt übrigens für jeden Abschnitt.)

Konzentrieren Sie sich auf diesen Menschen: Vielleicht stellen Sie sich ihn bildhaft, gedanklich oder auf andere Weise vor. Bleiben Sie so beständig wie möglich bei dieser Vorstellung, und sobald Sie merken, dass Ihr Geist abschweift, kehren Sie wieder zu ihr zurück.

Um Metta für den Freund/die Freundin zu entwickeln, können Sie dieselben Prinzipien wie in der ersten Phase anwenden. Wie dort können Sie sagen: »Möge er (oder sie) glücklich sein. Möge es ihr (ihm) gut gehen.« Sie können jede beliebige Methode nehmen, die Ihr Wohlwollen vertieft und verfeinert. Seien Sie dabei aber emotional ganz aufrichtig – obwohl es sich um einen Menschen handelt, der Ihnen lieb ist, werden Sie wahrscheinlich nicht immer so freundschaftlich für ihn fühlen, wie es sich »gehört«. Um Metta entwickeln zu können, müssen Sie zunächst einmal spüren, wie Sie jetzt tatsächlich – in dieser Meditationssitzung – innerlich auf den anderen Menschen reagieren. Zu Ihrer eigenen Überraschung werden Sie es vielleicht schwierig finden, Metta für ihn zu spüren. Doch eine solche Erfahrung ist ebenso wertvoll, wenn nicht sogar wertvoller, denn Sie müssen darauf eingehen und etwas Neues entstehen lassen. Seien Sie darauf gefasst, aus solchen Entdeckungen eine Menge über sich selbst und Ihre Freundschaften zu lernen.

Entwickeln Sie Freundlichkeit für eine neutrale Person · In der dritten Phase entwickeln Sie Metta für eine »neutrale« Person. Damit ist jemand gemeint, für den Sie zurzeit nichts Besonderes empfinden. Weder mögen Sie diesen Menschen, noch lehnen Sie ihn ab. Vielleicht ist es jemand, den Sie kaum kennen – vielleicht auch jemand, den Sie oft sehen, ohne aber je mit ihm zu reden. Sie sollten jedenfalls einen klaren Eindruck von diesem Menschen haben. Der Postbote kann ebenso dafür in Frage kommen wie jemand, den Sie zwar gut kennen, für den Sie sich aber aus irgendwelchen Gründen nie interessiert haben.

Nehmen Sie wieder wahr, wie es sich im Augenblick anfühlt, an diese Person zu denken, und entwickeln Sie aus diesem Gefühl heraus Metta. Eine nahe liegende Schwierigkeit mit der neutralen Person ist natürlich die Tatsache, dass man sehr wenig für sie empfindet. Sie werden aber allmählich mehr Gefühle entdecken, wenn Sie sich so stetig wie möglich auf die Person konzentrieren. Diese Strategie funktioniert auf dieselbe Weise wie das »Einstimmen«, von dem oben die Rede war. Mit der Zeit wird sie feinere Gefühlsempfindungen von Freude oder Schmerz freilegen, auf die Sie besser reagieren können.

Die »neutrale Person« ist eine ganz besondere Herausforderung an unsere emotionale Sensibilität. Da wir kaum etwas – nicht einmal Widerwillen – für diesen Menschen empfinden, scheint es überhaupt keine Grundlage zu geben, von der aus wir Metta entwickeln könnten. In diesem Abschnitt der Meditation erkennen Sie, dass Sie eine geistige Verbindung mit ihm schaffen müssen, und das nötigt Sie, Ihr Empfindungsvermögen und Ihre Vorstellungskraft zu erweitern oder »auszudehnen«. Das wiederum wird sich auf Ihr Verhältnis zu anderen Menschen positiv auswirken, denn schließlich ist die Welt voll von »neutralen« Personen.

Entwickeln Sie Freundlichkeit für eine schwierige Person · Dieses »Ausweiten« Ihres emotionalen Vermögens führen Sie im vierten Abschnitt weiter. Jeder Mensch, den Sie nicht mögen oder der Sie nicht mag, kann als »schwieriger Mensch« in Frage kommen. Sie können auch jemanden wählen, mit dem Sie nicht gut auskommen, weil es zurzeit irgendein Missverständnis gibt oder weil Sie gewohnheitsmäßig »aneinander vorbeireden«.

Wenn Sie es angemessen finden, wählen Sie Ihren Erzfeind – jemanden, den Sie wirklich hassen. Doch am Anfang tun Sie wahrscheinlich besser daran, es sich selbst nicht zu schwer zu machen. Falls Ihre negativen Gefühle für diese Person sehr stark sind, könnten Sie völlig abgelenkt werden und das Verhältnis zum anderen sogar noch verschlechtern. Denken Sie daran: Der Zweck der Übung ist die Entwicklung liebender Zuwendung. Wählen Sie die Personen für jeden Abschnitt in erster Linie mit dieser Vorgabe aus, und nicht mit dem Vorhaben, irgendetwas zu »klären«.

Wie in den ersten Abschnitten bleiben Sie sich Ihrer tatsächlichen Gefühle für die schwierige Person bewusst. Wenn Sie abschweifen, kehren Sie immer wieder zu diesem Eindruck zurück. Reflektieren Sie, dass Sie es zwar gegenwärtig schwierig finden, mit dieser Person auszukommen, dass sich die Lage aber durchaus ändern kann. Führen Sie sich vor Augen, dass dieser Mensch sein eigenes Leben ganz sicher anders erlebt, als Sie es tun. Mit Hilfe solcher Überlegungen wünschen Sie, dass er glücklich und wohlauf sein möge. Gegebenenfalls können Sie auch reflektieren, dass die schwierige Person sich ganz anders als jetzt verhalten würde, wenn sie wirklich glücklich wäre – vielleicht wäre sie Ihnen dann auch sympathischer!

Entwickeln Sie in gleichem Maß Freundlichkeit für jede der bisherigen Personen · Der nun folgende Abschnitt erfordert ein feines Gewahrsein Ihrer tatsächlichen Gefühle für jeden Einzelnen und für alle zusammen. Deshalb werden Sie ihn lange üben müssen. Es kann gut sein, sich gelegentlich mehr Zeit zu lassen, um sich auf diesen Abschnitt einzustimmen, indem Sie Ihre Gefühle für die verschiedenen Personen miteinander vergleichen.

Stellen Sie sich zunächst alle vier Personen der Übung zusammen vor: sich selbst, den guten Freund beziehungsweise die gute Freundin, die neutrale Person und die schwierige Person. Erleben Sie weiterhin das Gefühl von Metta, das Sie bereits aufgebaut haben, und lassen Sie es allmählich für alle vier Menschen gleich stark werden. Bemühen Sie sich also, Metta gleich stark für den guten Freund und die neutrale Person zu empfinden, für sich selbst und die schwierige Person sowie für die schwierige Person und den Freund.

Eine einfachere Vorgehensweise in diesem Teil der Meditation ist es, die Metta zu jeder Person gleichmäßig fließen zu lassen, ohne allzu viel zu analysieren und zu vergleichen. Stellen Sie sich einfach vor, dass Ihre Metta für alle gleich ist. Das ist eine gute Methode, solange Sie die Metta-Bhavana noch lernen oder nur wenig Zeit für Ihre Übung haben.

Dehnen Sie die Freundlichkeit auf alle Wesen aus · Hierdurch ist die Metta nun so stark und umfassend geworden, wie es Ihnen zurzeit möglich ist. Abschließend schicken Sie sie in die Welt hinaus, weit über sich selbst und die drei Gefährten hinaus. Sie können das auf verschiedene Arten tun – nutzen Sie Ihre Phantasie. Eine verbreitete Methode ist die folgende: Zunächst entwickeln Sie liebevolle Zuwendung für sich selbst und alle im Raum anwesenden Menschen. Dann schließen Sie alle anderen – in der Wohnung, im Haus oder wo immer Sie sich gerade aufhalten – in die Zuwendung mit ein. Nun weiten Sie die Metta auf Ihre Nachbarschaft, den Ort oder die ganze Stadt aus. Gehen Sie weiter hinaus in die Region, das Land, und senden Sie Metta in den ganzen Erdteil. Anschließend nehmen Sie auch die anderen Kontinente hinzu, bis Sie ausnahmslos allen Menschen in der Welt Glück, Wohlergehen und Freiheit von Leiden wünschen.

Welche Wesen es auch geben mag – Menschen, Tiere oder andere –, denken Sie an sie und wünschen ihnen Glück und Gedeihen. Mehr noch: Hören Sie nicht bei unserer eigenen Welt auf, denn es gibt wahrscheinlich noch andere Lebensformen im Universum (die buddhistische Tradition ist davon überzeugt). Wünschen Sie auch diesen allen Wohlergehen und Glück. Zuletzt senden Sie Metta nicht nur zu allen gegenwärtig im Universum lebenden Wesen, sondern auch zu denen, die es irgendwann in Zukunft einmal geben wird. Nutzen Sie Ihre Vorstellungskraft, und dehnen Sie das Gefühl von Metta über alle denkbaren Grenzen hinweg aus.

Meditation und andere Menschen

Die innere Haltung eines Menschen zeigt sich natürlich in seinen Handlungen. Der Grad unserer Achtung vor den Ansichten anderer Menschen, unsere Sorge für ihr Wohlergehen und vor allem die Freundlichkeit unseres Handelns offenbaren, wie stark wir Metta empfinden. Im Buddhismus gilt Freundschaft als eine spirituelle Praxis. Der Buddha ging sogar so weit zu sagen, für seine Schülerinnen und Schüler sei Freundschaft das ganze spirituelle Leben. Freundschaft bietet viele Gelegenheiten, negative Emotionen zu überwinden und positive zu entwickeln.

Viele Menschen glauben, im spirituellen Leben gehe es ausschließlich um die Läuterung und Beseitigung von Sünden und Fehlern. Es stimmt durchaus, dass wir uns von solchen Hindernissen zunehmend befreien, wenn wir die buddhistische Lehre praktizieren. Es ist aber viel nützlicher, das Hauptanliegen der spirituellen Übung in der Entwicklung von positiven Eigenschaften zu sehen. Wenn Sie sich bemühen, positive Qualitäten zu entwickeln, lösen sich die negativen Emotionen ganz von selbst auf. Wenn Sie aber vorwiegend danach streben, Ihre negativen Angewohnheiten »loszuwerden«, tun Sie letztlich kaum etwas anderes, als sie zu verstärken!

Die Metta-Bhavana ist ein einzigartiger Weg zur Entwicklung positiver Emotionen. Nur beim Meditieren haben wir die Gelegenheit, unsere innere Antwort auf jemanden sehr tief und zugleich losgelöst von den zusätzlichen Komplikationen zu erleben, die auftreten können, wenn wir tatsächlich mit anderen zusammen sind. Oft finden wir in den »wirklichen« Begegnungen mit ihnen nicht den Raum, unsere Gefühle ganz bewusst zu spüren – manchmal reagieren wir schon, ehe wir wissen, was wir eigentlich fühlen. Meditation aber öffnet den geistigen Raum, um zu reflektieren, abzuwägen und schöpferisch mit unseren eigenen Reaktionen umzugehen. Sie ist daher ein äußerst wirksamer Weg, sich selbst besser kennen zu lernen.

Freundlichkeit soll natürlich nicht in einem Vakuum existieren – sie verlangt nach Ausdruck. Es geht nicht nur darum zu meditieren, sondern auch zu versuchen, ein Freund oder eine Freundin für andere zu sein und jede Begegnung mit ihnen als Gelegenheit zu Freundschaft zu nutzen.

Freundschaft bedeutet nicht, dass man »zu allem ja und amen sagt« oder so tut, als gäbe es keine emotionalen Differenzen. Beziehungen zwischen Freunden sind nichts Oberflächliches. Seien Sie bereit, Sie selbst zu sein, und seien Sie nicht nur im Hinblick auf äußere Fakten ehrlich, sondern auch in emotionaler Hinsicht. Gerade im Zusammensein mit Freunden versucht man sich genau bewusst zu sein, welche Emotionen man erlebt und ausdrückt.

Emotionen treiben uns an. Betrachten Sie einmal all die Menschen, die Sie kennen, und überlegen Sie, wie oft sie von ihren Stimmungen und Emotionen beherrscht werden. Man kann leicht sehen, dass all die klaren und durchdachten Begründungen, die jemand für seine Handlungen abgibt, nur ein Teil der Wahrheit sind. Emotionen sind äußerst machtvoll. Sie sind oft kompliziert und nur schwer lenkbar. Anscheinend haben wir kaum Kontrolle über sie: Mal sind wir guter Dinge, ein andermal nicht – und so ist es ziemlich oft im Leben.

An dieser eher passiven Situation können Sie etwas ändern. Allerdings müssen Sie bereit sein zuzugeben, wo Sie emotional am meisten investieren. Achten Sie einmal darauf, wie oft Ihre Emotionen Reaktionen auf andere Menschen sind. Unser Leben ist sehr eng mit dem Leben anderer verwoben: Wir leben mit Menschen, arbeiten mit ihnen, lesen über sie, wissen von ihnen – kein Wunder, wenn in unseren Gedanken und Träumen ständig andere Menschen auftauchen.

Vielleicht sträuben Sie sich ein bisschen dagegen, anzuerkennen, wie sehr Sie selbst von Ihren Reaktionen auf andere Menschen beeinflusst werden. Doch die Tatsache, dass eine bestimmte Person Sie froh oder entspannt »macht« (oder auch eifersüchtig, ärgerlich und so weiter), ist oft sehr wichtig für Ihr Erleben. Solche Reaktionen können nahezu völlig gewohnheitsmäßig eintreten. Wir alle bringen eine tief verwurzelte Bereitschaft zu Aufregung, Langeweile oder Angst mit, die leicht von äußeren Reizen aktiviert werden kann.

Beständig kommen und gehen die emotionalen Regungen. Sie können so wechselhaft wie das Wetter sein. Stimmungen prägen den Inhalt unseres Denkens, das Niveau unserer Energie und Kreativität. Wenn Sie sich weiterentwickeln und emotional reifer werden wollen, müssen Sie sich dieser emotionalen »Wetterlagen« bewusst werden.

Allerdings können diese so wechselhaft und ungewiss – und manchmal so stürmisch – sein, dass Sie vielleicht gar nicht bereit sind, irgendein Risiko einzugehen.

Es kann auch sein, dass Sie sich eher entfremdet und von den eigenen Emotionen abgetrennt fühlen. Die gesellschaftlichen Verhältnisse sind äußerst komplex und so sehr mit unterschiedlichsten und intensiven Erfahrungen angefüllt, dass viele Menschen gar nicht mehr wissen, was sie eigentlich in Bezug auf diese Vielfalt fühlen. Weil sie ihre Gefühlsempfindungen nicht sehr bewusst erleben, denken sie vielleicht, sie hätten kaum welche. Es gibt sie aber dennoch.

Der Weg zu einer tieferen inneren Beteiligung an den Emotionen beginnt mit dem Anerkennen von Vergnügen und Schmerz, dem grundlegendsten aller Gefühlsempfindungen. Oft übergeht man diese einfachen, starken Signale oder deckt sie hastig zu. Es ist aber wichtig, sie voll und ganz anzunehmen. Sie sind die Punkte, an denen die Emotionen ihren Ursprung haben. Darum müssen Sie sich Ihr Vergnügen und Ihren Schmerz eingestehen, wenn Sie sie fühlen. Machen Sie eine ständige Übung daraus, sich zu fragen, ob Sie irgendetwas fühlen oder nicht und ob Sie die jeweilige Erfahrung mögen oder nicht. Wenn Sie etwas empfinden, untersuchen Sie, ob diese Empfindung angenehm oder schmerzhaft ist.

Machen Sie sich diese emotionale Wahrhaftigkeit – oder Achtsamkeit, wie wir sie weiter oben genannt haben – zur guten Gewohnheit. Wenn Sie sich selbst gegenüber in Bezug auf Ihre Gefühlsempfindungen und Emotionen ehrlich sind, werden Sie auch geistig klarer und sicherer werden. Dann tun Sie nicht mehr so, als ob Sie etwas genießen, wenn Sie es eigentlich abscheulich finden, und Sie reden sich auch nicht ein, eine Erfahrung sei unangenehm, wenn Sie doch spüren, dass sie Ihnen Spaß macht. Wer sich selbst nichts vormacht, erlangt eine größere Freiheit, seine emotionalen Reaktionen selbst zu wählen. Achtsamkeit gibt Kraft zum Handeln und Macht über bislang festgefahrene Reaktionsmuster.

Wenn Sie emotionale Wahrhaftigkeit üben, beginnen Sie zu erkennen, dass Menschen niemals »einfach nur so« ärgerlich, eifersüchtig, geizig, verschlossen, missmutig oder unsicher werden. Derartige Emotionen entstehen nicht grundlos – sie sind Reaktionen auf ganz bestimmte Umstände. An irgendeinem Punkt erlauben wir den Emotionen zu entstehen. Eine negative Emotion ist eine Gewohnheit, auf die wir uns selbst eingelassen haben (vielleicht erst kürzlich, vielleicht schon vor langer Zeit in unserer Kindheit). Sie ist eine gewohnheitsmäßige Reaktion, die durch bestimmte Reize ausgelöst wird.

Die mächtigsten aller Auslöser sind Vergnügen und Schmerz. Darum ist es so wichtig, sie anzuerkennen. Natürlich suchen wir Vergnügen und meiden Schmerzen – das ist die grundlegende menschliche Konditionierung. Wenn uns aber nicht bewusst ist, wie wir emotional reagieren, tun wir möglicherweise fast alles – ohne Rücksicht auf andere –, um Vergnügen zu finden und Schmerz zu meiden. Auf diese Weise bringt unsere Unachtsamkeit uns dazu, einander auf unzählige Arten und Weisen auszubeuten.

Mit einem freundlichen Geist wird man andere Menschen niemals wissentlich ausbeuten. Metta ist nicht nur eine positive Emotion, sondern auch eine ethische Qualität, die auf dem Wunsch beruht, anderen nicht unseren Willen aufzuzwingen. Sie ist eindeutig ein Wunsch, ein Herzensbedürfnis und nicht bloß eine Idee von Liebe oder der unerreichbare, naiv idealistische Traum, »alle Welt zu lieben«. Sie ist etwas, das man tatsächlich fühlt, eine greifbare Emotion, die unsere ganze Einstellung zum Leben prägen kann. Im Wesentlichen entsteht Metta aus der Einsicht, dass alle Wesen – was sie auch tun und wie gut oder böse sie auch sein mögen – einfach glücklich sein wollen. Alle Wesen streben nach Glück, wenn sie es auch oft am falschen Ort suchen. Metta ist deshalb der starke Wunsch, dass sie alle wahrhaft glücklich werden mögen.

Dieser Wunsch muss natürlich echt sein und in emotionaler Aufrichtigkeit gründen. Es ist nicht damit getan, lächelnd durch die Gegend zu laufen (obwohl das kein Fehler sein muss – vielleicht hilft es ja). Was Sie selbst – und andere Menschen von Ihnen – benötigen, ist von Herzen kommende Metta. Menschen gegenüber, die naiv oder allzu »gütig« erscheinen, wird man leicht misstrauisch. Vielleicht wurde man selbst schon einmal von jemandem verletzt oder enttäuscht, dem man vertraut hatte. Manchmal zweifelt man möglicherweise daran, ob es sich überhaupt lohnt, Metta zu entwickeln. Der gezielte Versuch, sich selbst zu ändern, kann unnatürlich erscheinen, so als würde man seiner eigentlich unveränderten Persönlichkeit nur ein neues Kleid verpassen.

Echte, tief greifende Veränderungen dauern lange. Vielleicht zeitigen Ihre Anstrengungen zunächst nur oberflächliche Wirkungen. Wahrscheinlich gehen sie nicht gleich in die Tiefe – aber das ist kein Grund zum Selbstzweifel. Die eigentliche spirituelle Wandlung liegt jenseits der bewussten Kontrolle. Sie können das mit einem Felsen vergleichen, der langsam vom Regen abgetragen wird: Wenn Sie regelmäßig meditieren, öffnen Sie sich ganz allmählich für eine neue Sicht der Dinge. An irgendeinem Punkt beginnen Sie, Ihre gewohnten Einstellungen anderen gegenüber in Frage zu stellen, und genau dort werden die tiefen Veränderungen eintreten, um die es letztlich geht.

Sie mögen zum Beispiel eine eigene – vielleicht noch nicht besonders klare – Vorstellung davon haben, was Glücklichsein bedeutet. Sie können aber nicht davon ausgehen, auch zu wissen, was ein anderer Mensch braucht, um glücklich zu sein. Wenn Sie wirklich wünschen, dass er glücklich ist, müssen Sie sich an seinen statt an Ihren Vorstellungen orientieren. Vielleicht werden Sie entdecken, dass Sie ein unterschwelliges Eigeninteresse am Glück des anderen haben. Idealerweise sollten Sie ihm einfach Glück wünschen, ganz unabhängig davon, ob Sie selbst etwas davon haben oder nicht. Wenn Sie auf diese Weise Ihre Motive untersuchen, werden wahrscheinlich innere Konflikte ans Licht kommen, die so paradox sind wie ein Zen-Koan[9]. Sofern Sie diesen Fragen nicht ausweichen, werden Sie selbst schließlich von innen heraus verwandelt. Üben Sie deshalb weiter!

DIE MEDITATIONSHALTUNG

Haben Sie schon einmal zu meditieren versucht, während Sie zugleich von Schmerzen im Rücken oder in den Beinen abgelenkt wurden? Vermutlich wird das so sein. In einem gewissen Umfang können Sie versuchen, solche Beschwerden zu ignorieren und sie einfach wie ein weiteres Konzentrationshindernis zu behandeln. Das gelingt vermutlich dann, wenn Sie so konzentriert sind, dass Sie höhere Bewusstseins- bzw. Versenkungsebenen erreichen, in denen kleinere körperliche Beschwerden in den Hintergrund treten und keine Rolle mehr spielen. Aber gewöhnlich beanspruchen solche Beschwerden Ihre Aufmerksamkeit lange, bevor Sie sich richtig sammeln können. Solange Sie nichts dagegen unternehmen, werden Sie von ihnen geplagt, bis Sie die Übung nicht mehr fortsetzen können.

Im üblichen Meditationsunterricht gibt es nur selten genug Zeit, um mehr als bruchstückhafte, recht allgemeine Hinweise auf die Sitzhaltung zu geben. Wenn Sie aber nicht gleich zu Beginn lernen, wie Sie am besten sitzen, werden Sie wahrscheinlich schlechte Haltungsgewohnheiten entwickeln. Allzu leicht wählt man eine Sitzhaltung, die im Augenblick zwar bequem ist, langfristig aber schaden kann. Die Probleme, die solche schlechten Gewohnheiten mit sich bringen, sind später nur schwer zu beheben. Dieses Kapitel bietet Neulingen auf dem Gebiet der Meditation Anleitungen, wie sie ernste Schwierigkeiten vermeiden können; erfahrene Meditierende finden darin Hilfestellung für die Korrektur von Fehlern.

Während der Meditation hat der Körper die Aufgabe, den Geist zu unterstützen und ihm zu ermöglichen, sich zu sammeln. Deshalb ist eine Haltung ideal, in der man beliebig lange völlig still und entspannt, aber zugleich hellwach verweilen kann.

Am besten sitzt man aufrecht, denn der Geist soll wach bleiben. Im Liegen wird man leicht schläfrig. Man strebt also nach einer Haltung, für die der Körper möglichst wenig Energie aufwenden muss, in der das Herz ganz ruhig schlagen kann und die Lungen nicht eingeengt sind, so dass die Ein- und Ausatmung ebenfalls ruhig und natürlich fließt.

Jede Haltung, die Spannungen vermindert und in der Sie zugleich wach sind, wird ein Gefühl von Vitalität in Ihnen hervorrufen, was Ihre Konzentration sehr erleichtert. Das Prinzip von Entspanntheit und Wachheit als Vorbedingungen für Vitalität und Konzentration bildet die grundlegende Richtschnur für den Aufbau der Meditationshaltung.

Wenn nötig, kann man in fast jeder Körperhaltung meditieren. Ein Kranker hat vielleicht keine andere Wahl, als im Bett zu liegen; andererseits gibt es Gehmeditationen. Ebenso spricht nichts dagegen, im Stehen zu meditieren. Normalerweise aber eignet sich die eine oder andere Art von Sitzhaltung für eine tiefe Konzentration am besten.

Wenn Sie Ihren Oberkörper in einem aufrechten Gleichgewicht über der Sitzfläche halten können, benötigen Sie nur ein Minimum an Muskelkraft, um ihn zu stützen. Befinden sich überdies die Arme und Beine jeweils in spiegelbildlicher Lage zueinander, dann wird es im Körper nur ein Minimum ablenkender Spannungen geben.

Zwei Prinzipien der Meditationshaltung

Zwei Aspekte sind grundlegend für eine gute Haltung.

Eine gute Haltung nutzt die Balance und Struktur des Knochengerüsts – und nicht die Muskeln. Dabei geht es eher darum, das Wirken der Schwerkraft im Körper zu steuern, als in einer ganz bestimmten Haltung zu sitzen.

Eine gute Meditationshaltung hat nichts mit einer starren Sitzweise zu tun, in der man regungslos verharrt. Viel wichtiger ist es, dass Sie ein achtsames Gespür für den Körper wach halten und die Prinzipien der Meditationshaltung genau verstehen. Von Zeit zu Zeit werden Sie bestimmt Korrekturen vornehmen müssen.

Beim Sitzen ist das Becken der wichtigste Träger der gesamten Körperstruktur. Damit es das volle Gewicht des Oberkörpers tragen und zugleich selbst im Gleichgewicht bleiben kann, darf der untere Rücken weder rund werden noch ein Hohlkreuz bilden. (Auf diese Haltungsfehler werden wir gleich im Einzelnen eingehen.)

Das ganze Gewicht des Oberkörpers lastet auf den »Sitzhöckern«

des Beckens – den beiden vorstehenden Knochenpartien, die in das Kissen oder die Sitzfläche drücken. Das Gewicht soll gleichmäßig auf die Sitzhöcker verteilt sein, damit man die Muskeln zu beiden Seiten des Rückens und Nackens nicht überanstrengt.

Ursachen von Schwierigkeiten

Wenn man lange in ein und derselben Haltung sitzt, kommt es häufig zu körperlichem Unbehagen. Früher oder später tun die Knie weh, oder man spürt einen stechenden Schmerz im Rücken oder Nacken.

Das kann daran liegen, dass Sie noch ziemlich ungeübt sind. Sie sind vielleicht bisher nicht daran gewöhnt, still auf dem Boden zu sitzen. Doch die meisten Schmerzen hängen mit Muskelverspannungen infolge einer mangelhaften Haltung zusammen.

Manchmal kommt es zu Verspannungen, wenn man sich unbewusst daran gewöhnt hat, mehr Muskelkraft als nötig einzusetzen oder die Muskeln auch dann noch anzuspannen, wenn man sie nicht mehr benötigt. Gelegentlich haben Verspannungen auch emotionale Ursachen. Woher sie auch rühren mögen – gewohnheitsmäßige Verspannungen werden oft chronisch und führen zu Muskelschmerzen, eingeschränkter Bewegungsfähigkeit und gelegentlich auch zu Erschöpfungszuständen.

Oft ist eine schlechte Sitzhaltung außerhalb der Meditation der Grund für die Entstehung chronischer Muskelverspannungen sowie für Schmerzen in Nacken, Schultern und Rücken. Viele Menschen müssen oft auf schlecht gestalteten Stühlen sitzen, die den Körper belasten. Wenn Ihr Beruf verlangt, dass Sie einen Großteil des Tages sitzend verbringen, sollten Sie Ihre Haltung zu einem wichtigen Gesichtspunkt Ihrer Gesundheitsvorsorge machen.

Eine weitere Ursache körperlicher Verspannung kann in einer unterschwelligen emotionalen Labilität liegen. Denken Sie beispielsweise an einen Menschen mit runden Schultern und eingefallener Brust. Eine solche Haltung kann emotional verursacht sein: Vielleicht hält dieser Mensch wenig von sich selbst und hat nur geringes

Selbstvertrauen. Die Gewohnheit einer so beengenden Körperhaltung hat ihrerseits die Emotion vielleicht weiter verstärkt und die Energie gedämpft, so dass der ganze Mensch noch mehr »in sich gekehrt« und übermäßig subjektiv geworden ist. Eine schlechte Körperhaltung kann also gleichermaßen Ursache und Folge negativer Emotionen sein.

Wenn Sie mehr Gewahrsein für die besondere Art entwickeln, wie Sie sich halten, werden Sie ganz natürlich eher aufrecht stehen, die Schultern gerade halten sowie Kopf und Nacken mehr entspannen. Insgesamt wird das fast zwangsläufig einen besseren Geisteszustand bewirken.

Es gibt aber auch rein körperliche Ursachen einer schlechten Haltung. Ist ein Körperteil eher schwach, dann wird das anderswo zusätzliche Spannungen erzeugen. Entweder schwächt diese Spannung den betroffenen Bereich noch mehr, oder es bilden sich zum Ausgleich stärkere Muskeln. Das kann die Ausgangsschwäche wiederum so sehr verfestigen, dass eine weitere Verkümmerung eintritt. Auf diese Weise wiederholt sich ein Muster von Anspannung und Ausgleichsreaktion im ganzen Körper, und damit beginnt ein schleichender Prozess der unebenmäßigen Entwicklung. Zum Beispiel müssen die Rückenmuskeln eines Menschen mit einem kürzeren Bein (was häufiger vorkommt, als man glauben möchte) auf der einen Seite stärker arbeiten als auf der anderen. Zum Ausgleich wird er die eine Schulter höher halten als die andere, was wiederum Hals und Kopf dazu nötigt, zu einer Seite auszuweichen. Eine derart geringfügige Missbildung kann jahrelang unbemerkt bleiben – bis man eines Tages dreißig oder vierzig Minuten lang still sitzen will. Sehr oft zeigen sich unsere tief sitzenden körperlichen Unausgewogenheiten und Schwierigkeiten erst dann, wenn wir die Übung von Meditation aufnehmen.

Man kann die Beziehung zwischen Körper und Geist – zwischen Körperhaltung und Emotionen – auf vielfältige Weise positiv nutzen. Eine freudige Gemütsverfassung spiegelt sich ganz natürlich in der Art, wie man sitzt, steht und sich bewegt. Eine strahlende, gesammelte Geistesverfassung führt beim Meditieren direkt zu einer besseren Sitzhaltung. Während der Meditation klärt sich allmählich der vorher eher chaotische Geisteszustand. Damit verbunden fühlt sich der Körper allmählich leichter und entspannter an; die ablenkenden, lästigen Beschwerden lassen immer mehr nach. Dann können Sie bemerken, wie der Rücken sich aufrichtet, die Brust sich weitet und Schultern und Arme entspannen. Zumindest spüren Sie, inwieweit Ihre gegenwärtige Haltung Sie beengt: Ein gerader Rücken und eine weite Brust fühlen sich jetzt natürlicher an, und Sie entwickeln vielleicht ein intuitives Verständnis dafür, was eine gute Meditationshaltung sein kann.

Die Haltung als Meditationsmethode

Eine gute Haltung ist nicht bloß wichtig für die körperliche Gesundheit und die Übung von Meditation. Sie kann auch selbst zum Gegenstand einer Meditation werden: Allein Ihrer Haltung gewahr zu sein kann Ihnen helfen, gegen die Meditationshindernisse vorzugehen. Bloß den Winkel des Beckens oder die Ausrichtung des Kopfes auf den Schultern ein klein wenig zu ändern kann schon bewirken, dass plötzlich Energie verfügbar wird und die Konzentration leichter fällt.

Hier lohnt es sich zu experimentieren. Manchmal sind Geist oder Körper oder auch beide dumpf und schläfrig und nicht an Meditation interessiert. Dann fällt es schwer, sich auf eine echte Meditationsübung einzulassen; wahrscheinlich verliert man sich in Tagträumereien. Um das zu verhindern, können Sie sich entscheiden, während der gesamten Meditationsdauer eine gute Sitzweise anzustreben. Mag Ihr Geist auch außerstande sein, bei einem subtileren Meditationsobjekt zu verweilen, so können Sie sich doch wenigstens bemühen, wach zu sein und korrekt zu sitzen. Wenn Sie die Aufmerksamkeit beharrlich zum Körper zurückbringen und die Neigung zu einem Hohlkreuz oder Rundrücken – sowie weitere Punkte, auf die wir noch eingehen werden – überprüfen, wird das Hindernis wahrscheinlich vor Abschluss Ihrer Sitzung verschwunden sein, und Sie können zu einer Meditationstechnik im engeren Sinn übergehen. Aber sogar wenn die Trägheit und Stumpfheit außerordentlich stark sind (was manchmal der Fall ist) und Sie auch nach einer halben

Stunde oder vierzig Minuten noch nicht richtig meditieren können, haben Sie die Macht des Hindernisses über Ihren Geist doch dadurch geschwächt, dass Sie es in Schach gehalten haben. Wahrscheinlich können Sie in späteren Meditationsübungen eine Verbesserung bemerken.

Auch dem anderen geistigen Extrem, dem Hindernis von Unruhe und Besorgtheit, können Sie durch Konzentration auf Ihre Körperhaltung beikommen. Geistiger und körperlicher Aufgeregtheit wirken Sie beispielsweise dadurch entgegen, dass Sie sich fest entschließen, ganz still zu sitzen. Ihren Geist können Sie nicht still machen, wohl aber – wenn Sie entschieden sind – den Körper! Indem Sie die Ruhe Ihres Körpers zum Hauptobjekt der Meditationsübung machen, wird der rastlose Geist sich schließlich beruhigen und Frieden finden. Sind Sie sehr unruhig, dann werden Sie dazu wahrscheinlich einige Zeit benötigen. Wenn Sie aber den Körper mit Beharrlichkeit und Geduld – und vor allen Dingen, ohne dem Geist Gewalt anzutun – weiter beruhigen, werden Sie schließlich erfolgreich sein.

Die ideale Meditationshaltung

Nachdem wir die Prinzipien verdeutlicht und die Ursachen einiger Schwierigkeiten erkannt haben, können wir nun verschiedene Sitzweisen genauer untersuchen.

Die Sitzhaltungen mit überkreuzten Beinen sind nicht die einzigen Möglichkeiten, unter denen man für die Meditation wählen kann. Wenn Sie mögen, nehmen Sie einen geraden Stuhl oder sitzen kniend auf einer Meditationsbank. Sind Ihre Hüften jedoch flexibel genug, um mit gekreuzten Beinen zu sitzen, dann sollten Sie diese Haltung als erste ausprobieren.

Der bekannte »volle Lotos-Sitz« (Abb. 1, 2) ist diejenige Meditationshaltung, die ein Höchstmaß an Entspannung und geistiger Beweglichkeit ermöglicht. Leider sind die meisten Menschen in den Hüftgelenken und Oberschenkeln zu steif, um auf diese Weise bequem oder überhaupt mit gekreuzten Beinen sitzen zu können. Selbst wenn es Ihnen gelingt, im vollen Lotos zu sitzen, sollten Sie

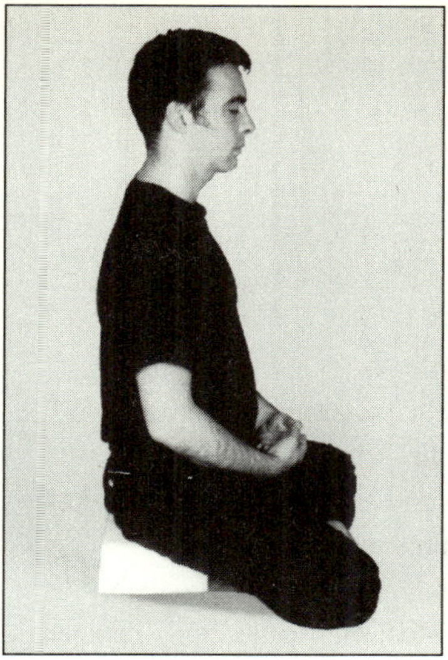

Abb. 1
Voller Lotos (padmasana), Seitenansicht

Abb. 2
Voller Lotos

längere Perioden in dieser Haltung so lange vermeiden, bis Ihre Hüften (durch Übungen wie in Abb. 25) so beweglich sind, dass sie Ihnen ziemlich leicht fällt. Das ist äußerst wichtig, denn andernfalls setzen Sie die Kniegelenke einer zu großen Spannung aus, was zu Dauerschäden führen kann. Meditierende müssen auf ihre Knie Acht geben.

Der volle Lotos-Sitz hat sieben Merkmale (Abb. 1–3):

(1) Die Beine sind so gekreuzt, dass die Füße mit nach oben gekehrten Sohlen auf dem Oberschenkel des jeweils anderen Beins liegen.
(2) Die Wirbelsäule ist aufrecht und bildet weder ein Hohlkreuz noch einen Rundrücken.
(3) Die Hände ruhen fünf bis acht Zentimeter unterhalb des Nabels. Eine Hand liegt auf der anderen; die Handteller weisen nach oben, und die Daumenkuppen berühren einander leicht (Abb. 3).

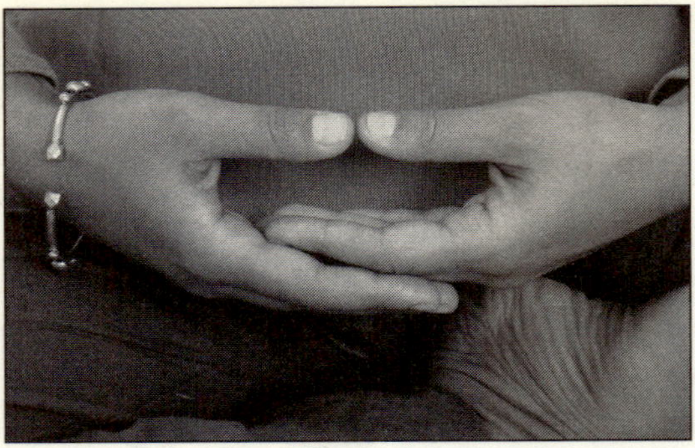

Abb. 3
Handhaltung
(dhyana-mudra)

(4) Die Schultern sind entspannt und ein wenig nach hinten gerollt, damit die Brust geöffnet bleibt.

(5) Der Kopf ruht gleichmäßig ausbalanciert auf der Wirbelsäule.

(6) Der Blick ist – mit leicht geschlossenen oder halb offenen Augenlidern – ein wenig gesenkt.

(7) Der Mund ist entspannt, die Zähne sind nicht zusammengebissen und die Lippen sanft geschlossen. Die Zunge berührt ganz leicht den Gaumen oberhalb der Schneidezähne.

Es ist wichtig zu betonen, dass dies eine ideale Haltung ist. Vielen Menschen werden die Punkte 2 bis 7 keine Schwierigkeiten bereiten, aber nur wenige finden die Beinhaltung des vollen Lotos leicht, zumindest am Anfang. Glücklicherweise ist es unerheblich, ob Sie die Beine auf genau diese Art verschränken, denn es gibt einige fast ebenso gute Alternativen. Viele Menschen können im halben Lotos sitzen, der sehr ähnlich ist. Wenn Sie die Abbildungen 4 bis 10 betrachten, werden Sie wahrscheinlich eine fürs Erste passende Sitzhaltung finden.

Am besten prägen Sie sich die folgende Vorgehensweise für den Aufbau Ihrer Haltung gut ein. Regelmäßig zu Beginn Ihrer Meditation angewandt, ist sie eine systematische Methode zur Prüfung Ihrer Haltung. Mit ein wenig Übung wird diese Abfolge zur festen Gewohnheit. Dann benötigen Sie dafür kaum länger als ein paar Sekunden. Gelegentlich werden Sie aber auch mehr Zeit darauf verwenden müssen.

Schritt 1: Wählen Sie ein Kissen mit einer für Sie angemessenen Sitzhöhe (oder eine Meditationsbank oder was Sie gerade benutzen möchten). Setzen Sie sich hin, und nehmen Sie eine der abgebildeten Beinhaltungen ein (Abb. 4–10).

Falls Sie mit gekreuzten Beinen sitzen, kümmern Sie sich vorerst nicht darum, ob die Knie den Boden berühren. In der endgültigen Haltung müssen die Beine tiefer liegen als die Hüften, sonst wird sich Ihr Rücken krümmen. Bei diesem ersten Schritt geht es aber vor

Abb. 4
Halber Lotos

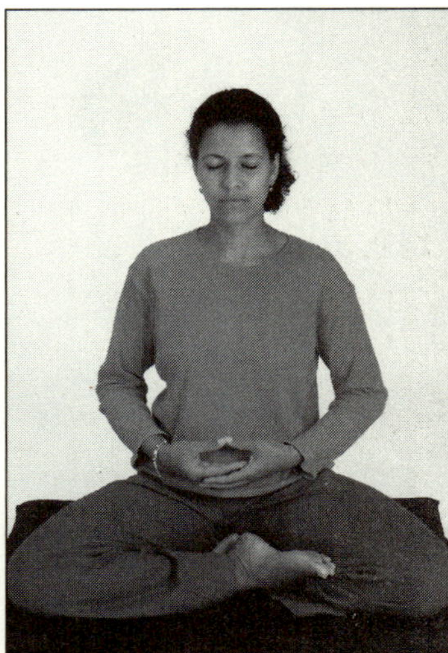

Abb. 5
Ein Fuß auf der Wade

Abb. 6
Ein Fuß vorn

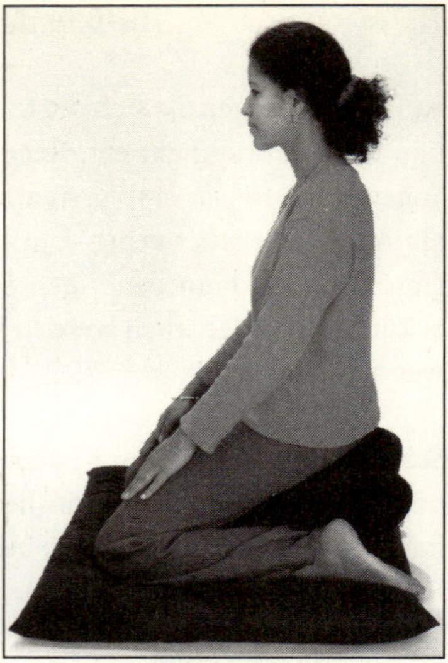

Abb. 7
Knien mit Kissen

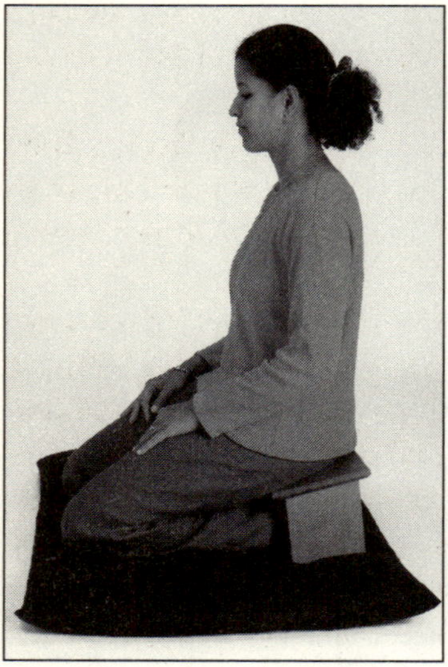

Abb. 8
Knien mit Bänkchen

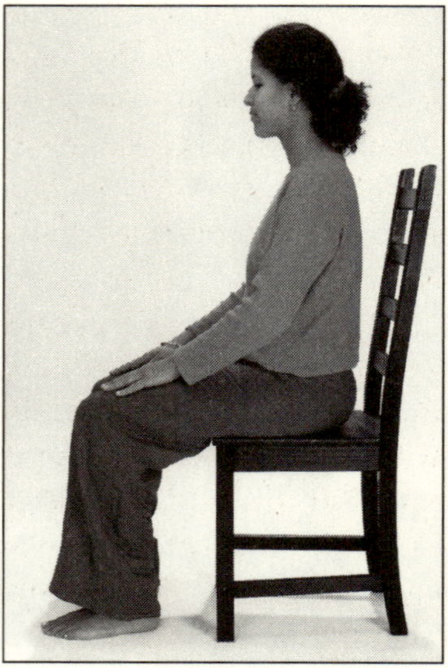

Abb. 9
Sitzen auf einem Stuhl

Abb. 10
Sitz mit dem Rücken gegen die Wand

allem darum, die richtige Höhe Ihrer Sitzgelegenheit zu bestimmen. Schon wenige Zentimeter Höhenunterschied können ausschlaggebend sein. Bei einer gewissen Höhe werden Sie spüren, dass Ihr Körper im Gleichgewicht ist, und dieses Bewusstsein hilft Ihnen dann, die Beine und den Rücken auszurichten.

Durch eine falsche Sitzhöhe werden zwei häufige Sitzfehler (Abb. 11, 12) verursacht, die die gesamte Haltung beeinträchtigen können. Sie führen zu einem Hohlkreuz beziehungsweise einem Rundrücken.

Ein Hohlkreuz – die übermäßige Krümmung der Wirbelsäule nach innen – entsteht oft, wenn der Sitz zu hoch ist. Die falsche Höhe bewirkt, dass sich der obere Beckenknochen nach vorne und das Steißbein nach hinten bewegen, so dass das Gesäß rückwärts herausragt. Dadurch neigt das Körpergewicht dazu, vornüberzufallen. Dieser Tendenz versucht man nun, mit der Bildung eines Hohlkreuzes entgegenzuwirken. Das belastet den unteren Rücken, bis er zu schmerzen beginnt.

Einem leichten Hohlkreuz können Sie abhelfen, indem Sie im unteren Rücken entspannen und die Wirbelsäule in ihre natürliche

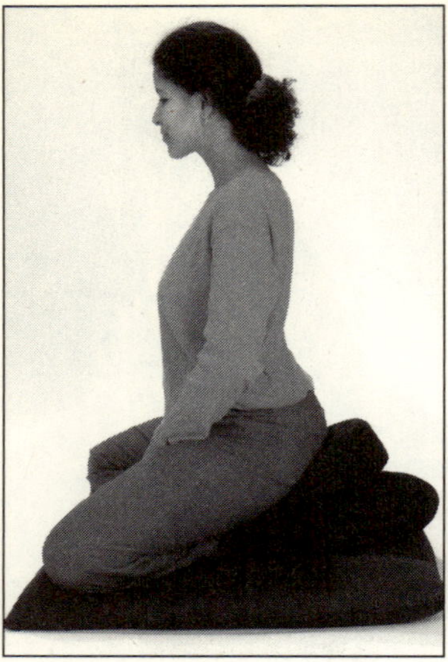

Abb. 11
Falsche Haltung 1: Hohlkreuz
(das Kissen ist zu hoch)

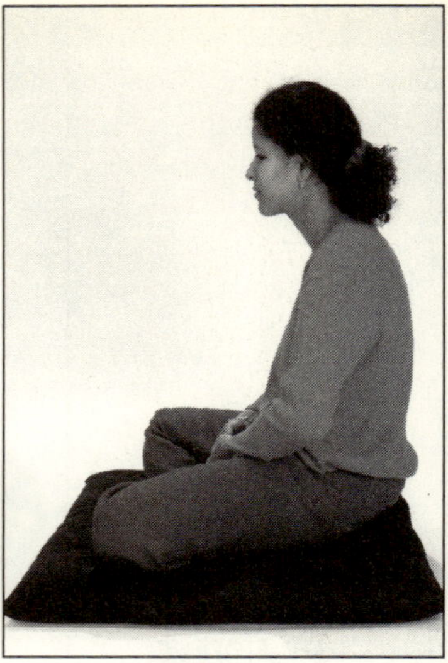

Abb. 12
Falsche Haltung 2: Rundrücken
(das Kissen ist zu niedrig)

Position zurückkehren lassen. Wenn das nicht ausreicht, probieren Sie eine geringere Sitzhöhe aus.

Ein Rundrücken kann auftreten, wenn man zu tief sitzt. Hier passiert das Gegenteil: Der obere Beckenraum fällt zurück, und das Steißbein bewegt sich nach vorn. Dann bricht man im unteren Rücken ein, und das Gewicht des Körpers fällt nach hinten. Um zu verhindern, dass man rückwärts fällt, beugt man sich vor und lässt dabei die Brust einsinken. Diese unbequeme Stellung führt zu schmerzhaften Spannungen in Nacken und Schultern.

Einem leichten Rundrücken können Sie abhelfen, indem Sie sich einfach daran erinnern, aufrecht zu sitzen (aber nicht stocksteif wie ein Besenstiel, sondern mit natürlich geschwungener Wirbelsäule). Wenn das nicht ausreicht, experimentieren Sie mit einem höheren Sitz.

Schritt 2: Spüren Sie, wie Ihr Körpergewicht die beiden »Sitzhöcker« des Gesäßes in die Sitzfläche presst. Erhalten Sie dieses Gewahrsein

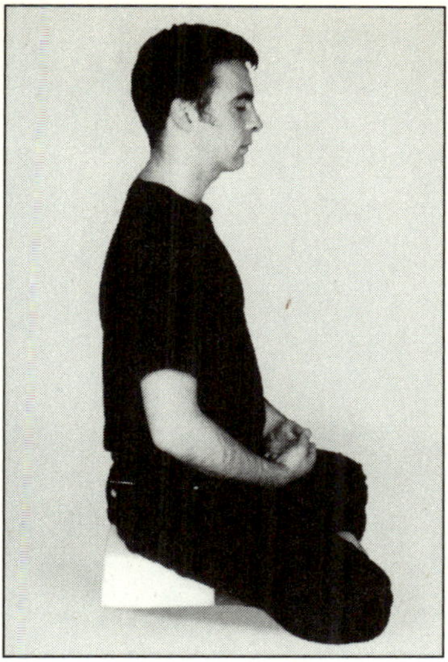

Abb. 13
Ausrichtung von Wirbelsäule, Brustbein, Armen und Schultern

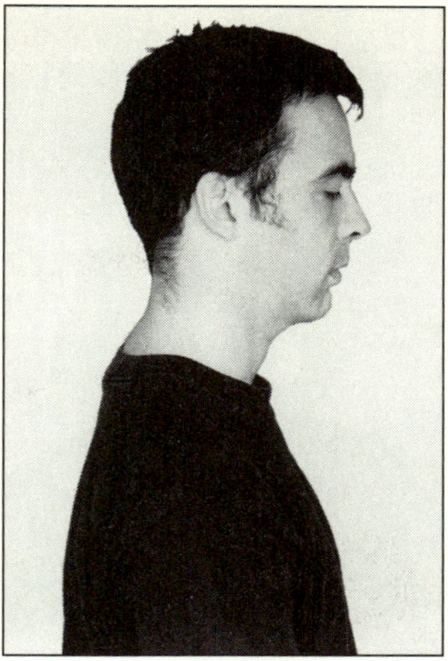

Abb. 14
Kopfhaltung

als Ihre Grundorientierung. Verteilen Sie dabei das Gewicht gleichmäßig auf beide Seiten, und erlauben Sie der Wirbelsäule, sich leicht zu heben und aufzurichten – ohne aber starr zu werden.

Schritt 3: Atmen Sie ein- oder zweimal tief ein, damit Brustkorb und Rippenbogen sich weiten können. Spüren Sie, wie die Schultern und Arme sich beim Einatmen leicht heben. Lassen Sie sie beim Ausatmen ein wenig rückwärts rollen und sich nach unten entspannen, so dass die Brust offen bleibt.

Schritt 4: Dann können Sie die Hände so in den Schoß legen, dass sie nicht gegen die nach rückwärts entspannte Position von Schultern und Armen arbeiten. Vielleicht finden Sie es hilfreich, die Hände auf ein kleines, flaches »Handpolster« im Schoß zu legen, da sie dann leichter entspannen können (s. Abb. 18). Das wird auch Ihre Schultern weiter lösen. Sie können die eine Hand über die andere legen.

Abb. 15
Decke gegen Kälte

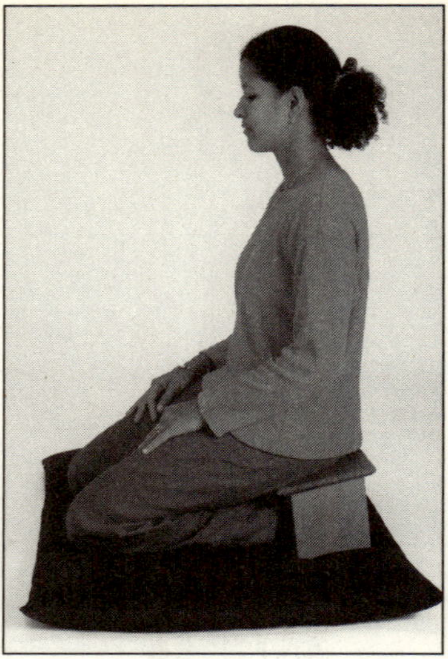

Abb. 16
Weiche Unterlage zum Schutz von Knien und Fußgelenken

Schritt 5: Richten Sie nun die Position des Kopfes aus. Wichtig ist dabei, dass der Kopf von der Wirbelsäule gestützt und nicht von den Nackenmuskeln gehalten wird. Das sollte sich aber keinesfalls starr anfühlen – überprüfen Sie es von Zeit zu Zeit während der Meditation. Die Nackenmuskeln sollten ganz entspannt sein, so dass der Kopf sich frei bewegen kann.

Den Kopf richten Sie aus, indem Sie gewahr werden, dass der Nacken eine Verlängerung der Wirbelsäule bildet. Vielleicht hilft es, ihn zunächst sanft nach hinten und dann nach vorn zu wiegen, bis er ins Gleichgewicht kommt. Spüren Sie den Punkt, wo der Schädel auf der Wirbelsäule ruht, und neigen Sie den Kopf ganz geringfügig nach vorn, so dass Ihr Blick ein bis zwei Meter vor Ihnen auf den Boden fällt. Zuletzt entspannen Sie Gesicht, Kiefer, Zunge und Kehle.

Schritt 6: Nun überprüfen Sie noch einmal die ganze Haltung und achten besonders auf die nach allen Seiten hin aufrechte Stellung des Oberkörpers. Sie können sich sanft vom Becken aus in jede Richtung

Abb. 17
Polster für »schwebendes« Knie

Abb. 18
Polster zur Unterstützung der Hände und der Knie

wiegen, bis Sie spüren, dass Sie sich im Gleichgewicht befinden. Nun sind Sie in der Lage, Ihre Haltung noch genauer auf die Grundfehler von Hohlkreuz und Rundrücken zu überprüfen und die eventuell nötigen Korrekturen vorzunehmen.

Sich gut fühlen bedeutet nicht unbedingt, dass es gut ist

Die ganze Sitzhaltung sollte so ausgewogen und symmetrisch wie möglich sein. Idealerweise wird jeder Körperteil von einem anderen im Gleichgewicht gehalten, so dass der ganze Körper nur minimal arbeiten muss. Die eben beschriebene Vorgehensweise zum Aufbau der Haltung hilft, diese Symmetrie und Balance zu erreichen.

Dabei gibt es allerdings ein wichtiges Problem: Sie dürfen sich nicht darauf verlassen, dass Ihre Haltung sich gut anfühlt. Sehr oft ist das, was sich »richtig« anfühlt, nur das, woran wir uns gewöhnt haben. Wenn also beispielsweise ein Freund oder Lehrer Ihre Haltung korrigiert, wird sich das wahrscheinlich erst einmal ungewohnt oder sogar falsch und schief anfühlen. Vermutlich werden Sie dazu neigen, langsam in Ihre vertraute (aber falsche und schädliche) Haltung zurückzukehren.

Selbst wenn Sie schon lange meditieren, ist es nicht gut, Ihr Gefühl zum einzigen Beurteilungsmaßstab Ihrer Haltung zu machen. Suchen Sie ab und an eine objektive Beurteilung. Wie so oft im Leben fällt es uns nicht leicht, eigene schlechte Gewohnheiten zu erkennen, geschweige denn sie zu ändern. Eine persönliche Kontrolle und Rückmeldung ist deshalb notwendig. Bitten Sie gelegentlich einen Freund, Ihre Meditationshaltung kritisch zu begutachten, und nehmen Sie hin und wieder an Unterrichtsabenden oder Meditations-Retreats[10] teil, wo auch Haltungshinweise gegeben werden.

Die Bedeutung von Schmerzen

Schmerzen sind deutliche Anzeichen einer fehlerhaften Körperhaltung. Gewisse Beschwerden können Sie durchaus ignorieren: leichte Schmerzen, die bald vorübergehen; das Gefühl einer gewissen Unbeholfenheit; ein Jucken oder auch andere Reize. Irgendetwas dergleichen gibt es fast immer, und Sie werden nie zur Ruhe kommen, wenn Sie sich nicht irgendwann entscheiden, sich einfach damit abzufinden.

Wie wir bereits gesehen haben, gehen solche Beschwerden oft mit einer inneren Rastlosigkeit einher – mit einem unruhigen Geist, der sich auf einen eigentlich schwachen Reiz fixiert und davon geradezu besessen sein kann. Wenn Sie einer solchen Rastlosigkeit nachgeben, werden Sie keinen Zugang zur Meditation finden, und sofern Sie gemeinsam mit anderen meditieren, werden Sie diese ebenfalls stören. Falls es nicht mehr als das ist, registrieren Sie es einfach, und versuchen Sie, die Aufmerksamkeit auf etwas anderes zu lenken.

Natürlich ist es wichtig, Schmerzen feinfühlig zu bewerten, denn sie können sehr wohl Warnsignale sein. Gefühle wie das Kribbeln oder die Taubheit eingeschlafener Glieder sollten Sie nicht ignorieren. Es ist nicht gut, wenn Körperteile ganz einschlafen. Das Gleiche gilt für stechende Schmerzen. Sie deuten mit Sicherheit darauf hin, dass etwas nicht stimmt. Wenn Ihnen die Bedeutung einer Empfindung nicht ganz klar ist, reden Sie mit jemandem, der erfahrener ist als Sie. Manche Menschen scheinen zu glauben, ein paar Beschwerden gehörten nun einmal zur Meditation dazu. Wenn Sie das aber so weit treiben, dass Sie Gefahrenzeichen missachten, dann riskieren Sie körperliche Schäden.

Die buddhistischen Schriften erinnern wiederholt daran, dass der menschliche Körper äußerst kostbar ist. Er dient als Grundlage, die man benötigt, um zu meditieren, Einsicht und schließlich sogar Erleuchtung zu erlangen. Deshalb sollte man ihn freundlich und mit Wertschätzung behandeln.

Wege, das Sitzen zu erleichtern

Die Dauerlösung für Haltungsprobleme liegt darin, ein Training aufzunehmen, das die Flexibilität und Kraft des Körpers steigert und ein gewisses Haltungsbewusstsein fördert. Hierzu stellen wir gleich einige nützliche Übungen vor. Daneben gibt es aber auch verschiedene andere Mittel, die das Sitzen wenigstens kurzfristig erleichtern.

Wenn es eher kühl ist, sollten Sie Beine und Hüften warm halten. Die Wärme hilft über die zeitweiligen, im Übrigen belanglosen Beschwerden hinweg, die im letzten Abschnitt angesprochen wurden. Ob Sie knien oder mit gekreuzten Beinen sitzen, legen Sie eine doppelt gefaltete Decke oder ein Schaumgummipolster auf den Boden (aber nicht so, dass das Polster den Sitz instabil macht). Dadurch isolieren Sie nicht nur die Beine vor Kälte, sondern schützen auch die Knie. Wenn Sie kniend meditieren, wird hierdurch auch Druck von den Fußgelenken und vom Spann genommen.

Kissen und Polster können generell gute Dienste leisten, um Druck zu mildern. Manche Leute benutzen kleine Kissen oder eine Stoffrolle, um das Fußgelenk abzupolstern, das in den Oberschenkel drückt. Erreicht ein Knie (oder beide) nicht den Boden, kann auch dort ein kleines Kissen als Unterstützung dienen.

Unbequem liegende Hände rufen leicht Ablenkungen hervor. Hier hilft ein Polster mit ebener Oberfläche, auf dem die Hände gleichmäßig aufliegen. Es sollte hoch genug sein, um die Schultern vom Gewicht der Arme zu entlasten. So können sich die Schultern leichter nach unten, in den Rücken hinein entspannen, und die Brust kann sich ungehindert öffnen.

Übungen

Sich in eine bessere Haltung »hocharbeiten«

Denken Sie daran, dass es nichts nutzt, sich in eine ideale Stellung hineinzuzwingen, die man nicht durchhalten kann. Jene Haltung ist richtig, die es Ihnen erlaubt, so entspannt und wach wie möglich zu sitzen, und zwar innerhalb der Grenzen Ihrer körperlichen Fähigkeiten. Dabei dürfen Sie den Körper nicht zwingen, sondern müssen feinfühlig für ihn sorgen und so gut arbeiten, wie es Ihre Möglichkeiten zulassen.

Im Sinne der oben genannten Grundprinzipien eignen sich jedoch einige Sitzhaltungen entschieden besser zur Sammlung als andere. Der volle Lotos-Sitz (mit verschränkten Beinen) ermöglicht beispielsweise die beste Ausbalancierung des Knochengerüsts. Im Großen und Ganzen ermöglicht er leichteren Zugang zu feineren Körperenergien als andere Haltungen. Sofern Sie an den Lotos-Sitz gewöhnt sind, ist er auch für lange Meditationssitzungen am bequemsten. Darauf folgen die anderen Sitzhaltungen mit gekreuzten Beinen wie der halbe Lotos oder eine seiner Abwandlungen (Abb. 4–6). Dann kommen das Knien auf einer Meditationsbank oder einem Kissen und die Benutzung eines Stuhls. Jede dieser Haltungen eignet sich zum Meditieren sehr gut. Auch wenn Sie in jeder von ihnen effektiv meditieren können, sollten Sie doch immer jene Stellung anstreben, die ein Höchstmaß an Entspanntheit und geistiger Wachheit ermöglicht.

Unterstützende Übungen

Das Schwierige an solchen Ratschlägen ist natürlich, dass steife Gelenke und schwache Muskeln an dergleichen nicht gewöhnt sind; sie werden uns einen Strich durch die Rechnung machen. Was können Sie dagegen tun?

Wie alt und steif Sie auch sein mögen, mit der Zeit können Sie jedenfalls die Gelenke lockern und die Muskeln kräftigen, wenn Sie regelmäßig einige Übungen machen. Es gibt viele Übungssysteme und innerhalb jedes Systems zahlreiche Übungen. Ich habe hier eine kleine Auswahl zusammengestellt, die Sie nutzen können, um auf jene Teile des Körpers einzuwirken, die von der Meditationsübung besonders betroffen sind.

Bevor Sie weiterlesen oder diese Übungen ausprobieren, ist eine Warnung angebracht. Übungen aus einem Buch zu lernen und sie ohne Ihren Lehrer auszuführen birgt die Gefahr in sich, dass man sie falsch anwendet und sich verletzt. Wenn man nicht ganz genau versteht, wie eine bestimmte Übung auszuführen ist, kann man leicht zu selbstsicher werden, zu viel von sich verlangen und sich überfordern. Im schlimmsten Fall wird man sich den Rücken oder die Knie verrenken und schmerzhafte oder sogar dauerhafte Verletzungen davontragen. Die folgenden Übungen können Sie zweifellos ausprobieren, aber gehen Sie dabei bitte sehr sanft mit sich um. Wenn Sie sich entscheiden, sie regelmäßig zu üben, suchen Sie jemanden, der Ihnen hilft, sie korrekt auszuführen.

Vier Arten der Körperübung

Unter den vielen verschiedenen Übungssystemen sind vier besonders wertvoll, obwohl sie sich stark voneinander unterscheiden.

Zunächst einmal gibt es den Ansatz der im Westen verbreiteten Leibesübungen, bei denen man gewöhnlich bestimmte Körperpartien kraftvoll bewegt. Es gibt viele verschiedene Sportarten: von ganz spezifischen wie Gewichtheben bis hin zu solchen mit Breitenwirkung. Dabei wird zwar das Körpergewahrsein zumeist nur wenig betont, doch enthalten sie sehr wirksame Methoden zur Dehnung und Kräftigung bestimmter Muskeln. Sport und Gymnastik sind gut, um grundlegend »fit« zu bleiben.

Des Weiteren sind zwei östliche Disziplinen zu nennen: Tai Ji und Hatha-Yoga. Im Tai Ji bewegt man den ganzen Körper auf sehr fließende, tänzerische Art. Regelmäßiges Üben von Tai Ji verhilft zu einer guten Kondition, einer allgemeinen »Erdung« und zu einem gesteigerten Gewahrsein der Körperbewegungen. Dagegen mag Yoga auf den ersten Blick statischer erscheinen, weil hierin spezielle Stellungen (*asanas*) und nicht Bewegungen geübt werden; doch innerhalb jeder Stellung wirken innere Streckung, Bewegung und Entspannung zusammen. Yoga ist vielleicht die exakteste aller Disziplinen, indem sie die Entwicklung von Körperbewusstsein mit gezielten Übungen verbindet.

Eine andere »Übungsform«, die Alexander-Technik, benutzt im Grunde genommen überhaupt keine besonderen Körperübungen. Wie im Tai Ji und Yoga entwickelt der Schüler sein Gewahrsein des Körpers und seiner Bewegungen. Das Einzigartige hierbei ist, dass man das im Rahmen seiner gewöhnlichen Alltagsbewegungen tut. Man lernt, wie man den Körper am besten benutzt, und überwindet so allmählich die Fehlhaltungen, an die man sich seit Jahren gewöhnt hat. Abgesehen von der Entspannungsstellung am Ende dieses Abschnitts bespreche ich hier keine Methoden der Alexander-Technik. Manche Leser werden es aber bestimmt lohnend finden, diesen Ansatz kennen zu lernen.[11]

Die vier Übungsarten wurden ausgewählt, um einige grundlegende Ansätze zu verdeutlichen. Es gibt natürlich andere weit verbreitete Methoden, zum Beispiel die »Kampfkünste« Karate oder Aikido. Mit Hinblick auf ihren Trainingswert verknüpfen sie verschiedene Elemente der vier Übungssysteme miteinander. Lehrer aller vier Typen sind heute fast überall zu finden, so dass Sie wählen können, ob Sie eine Methode gründlich oder nur ein bisschen von allen erlernen wollen. Vielleicht ist es am besten, eine solide Grundlage in einem System zu schaffen und zusätzlich ein wenig aus einem oder zwei anderen zu erlernen.

Leibesübungen

Probieren Sie den »Entengang« aus, um die Fußgelenke zu dehnen und zu kräftigen. Gehen Sie auf den Außenkanten der Füße durch den Raum – in Schlangenlinien, nicht gerade (Abb. 19) – und halten die Füße dabei gerade. Sie können auch versuchen, mit angehobenen Zehen zu laufen.

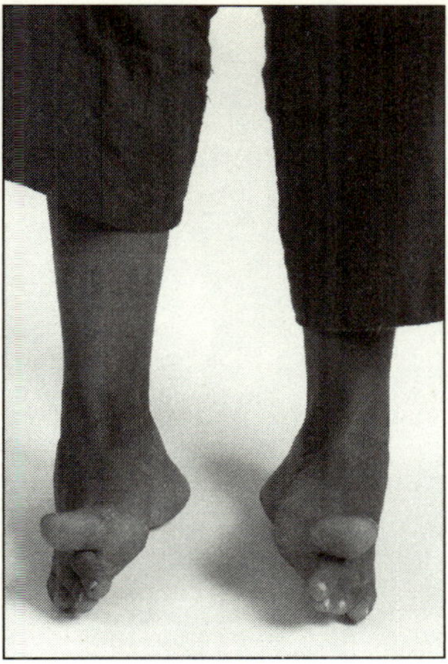

Abb. 19
Gehen auf den Außenkanten der Füße, um die Gelenke zu öffnen und zu kräftigen

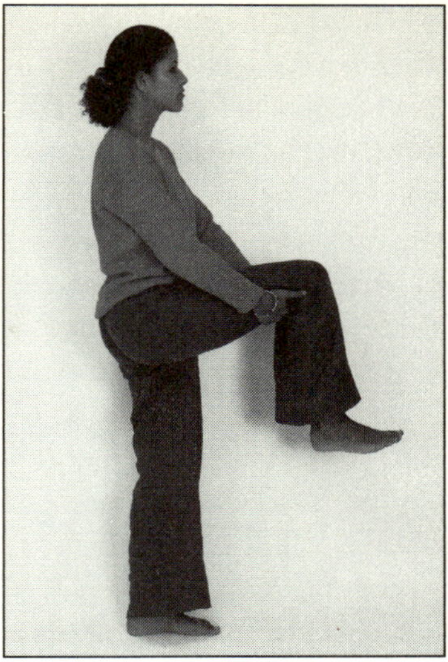

Abb. 20
Sanfte Knieübung

Eine sanfte Übung für die Knie beginnt damit, dass Sie sich mit dem Rücken gegen eine Wand lehnen und einen Oberschenkel waagerecht in die gefalteten Hände nehmen. Entspannen Sie Fuß- und Kniegelenke, und schwingen Sie den Unterschenkel mit den Händen sanft hin und her (Abb. 20). Es ist wichtig, auch im Hüftgelenk des bewegten Beins loszulassen und das Bein wirklich in die tragenden Hände »abzugeben«.

Lassen Sie den Unterschenkel nur sehr sanft und langsam mit minimaler Seitwärtsbewegung kreisen – schwingen Sie hauptsächlich vor und zurück. Das Kniegelenk hat seitlich nur wenig Flexibilität; übertriebene oder ruckartige Seitwärtsdehnungen können es verletzen. Diese Übung wird vielleicht leichter, wenn Sie sich dazu auf einen Tisch setzen, die Beine aus den Knien heraus hängen und dann schaukeln lassen.

Um die Oberschenkelmuskeln zu dehnen, stellen Sie sich in der Nähe einer Wand auf ein Bein, damit Sie sich nötigenfalls abstützen

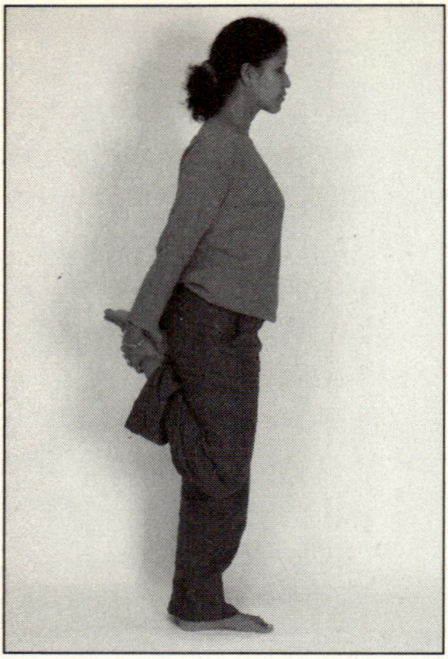

Abb. 21
Übung für den Oberschenkel

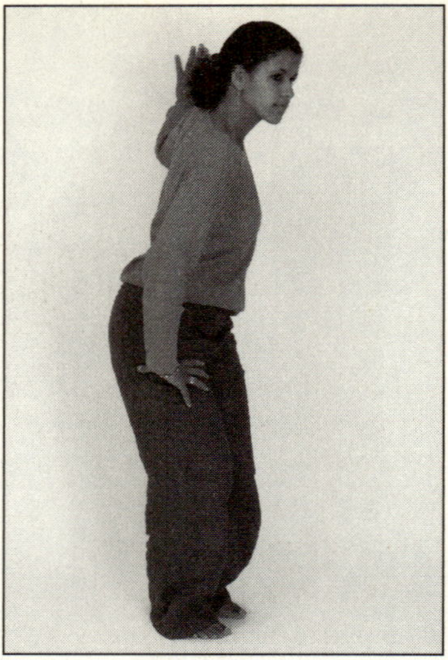

Abb. 22
Ski-Übung für den Oberschenkel

können. Beugen Sie ein Knie, greifen Sie den Spann des Fußes und führen die Ferse zum Gesäß (Abb. 21).

Die Hüfte auf der übenden Seite muss entspannt sein, so dass sie sich auf die gleiche Höhe wie die andere Hüftseite senkt. Die Oberkante des Beckens sollte zurückfallen und das Steißbein »eingezogen« sein; Wirbelsäule und Brust sind sanft gehoben. Versuchen Sie den Oberschenkelmuskel loszulassen, während Sie den Oberschenkel dehnen. Wiederholen Sie dann die Übung mit dem anderen Bein.

Die folgende Ski-Übung ist ebenfalls gut für die Oberschenkel. Stellen Sie sich mit geschlossenen Füßen eine Armlänge entfernt seitlich zur Wand. Stützen Sie eine Hand gegen die Wand, halten die Füße flach am Boden, den Oberkörper aufrecht, die Knie zusammen und die Hüften im rechten Winkel zur Wand. Lehnen Sie sich nun in Richtung der Wand, wobei Sie die Knie und den Arm beugen, während Sie in eine leichte Hocke gehen (Abb. 22). Wiederholen Sie das Ganze mit der anderen Seite.

Die Hüften und das Becken sind oft steif und brauchen etwas Öff-

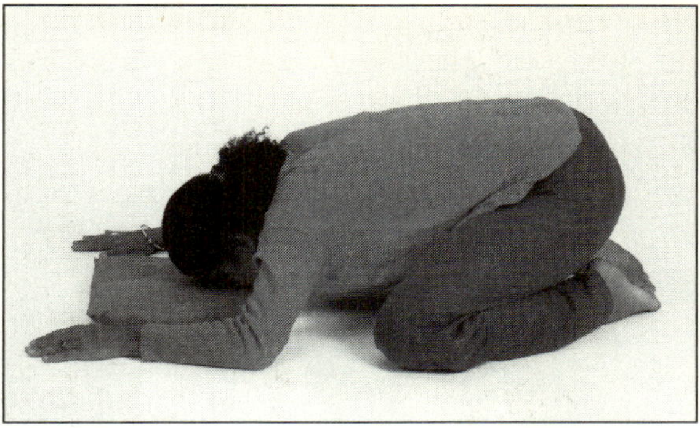

Abb. 23
Hüftgelenke und Becken öffnen

Abb. 24
Oberschenkel und Hüftgelenk dehnen

rung. Die folgenden Übungen sind für Sitzhaltungen mit gekreuzten Beinen besonders nützlich.

Knien Sie sich hin, spreizen Sie die Knie weit auseinander, und legen Sie die Füße so zusammen, dass die großen Zehen einander berühren. Lassen Sie das Gesäß auf die Fersen sinken, und halten Sie es dort, während Sie mit gestrecktem Oberkörper Brust und Arme nach vorn auf dem Boden ablegen (Abb. 23).

Knien Sie so, dass ein Knie nach vorne geschoben, das andere Bein rückwärts auf dem Boden ausgestreckt ist, wobei der Fuß in einer Linie mit dem Bein liegt. Stützen Sie sich mit gestreckten Armen zu beiden Seiten des Rumpfes auf den Handflächen am Boden ab. Drehen Sie dann den Bauchnabel in Richtung des gebeugten Knies (Abb. 24).

Abb. 25
Öffnen der Hüftgelenke, sanfte Übung für Knie und Oberschenkel

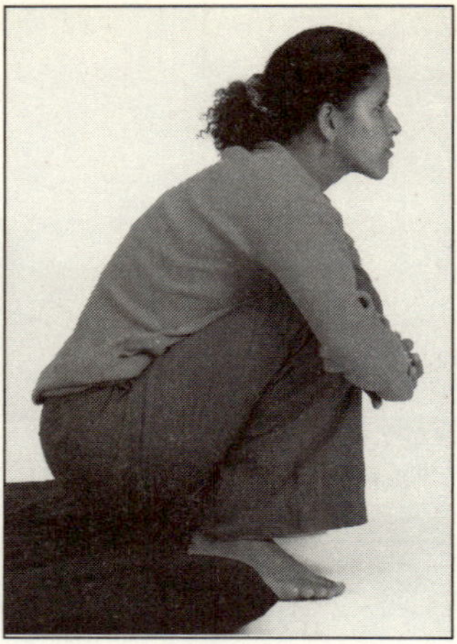

Abb. 26
Übungen für Knie und Oberschenkel

Abb. 27 Übungen für Knie und Oberschenkel

Sitzen Sie mit überkreuzten Beinen am Boden, und wiegen Sie ein Bein in Ihren Armen, so dass das Knie und der Fuß zwischen den Ellbogengelenken ruhen. Schaukeln Sie das Bein sanft hin und her, oder lassen Sie es eine Acht beschreiben. Das ist gut für Knie und Oberschenkel (Abb. 25).

Liegen Sie mit ausgestreckten Beinen auf dem Rücken, beugen Sie ein Knie sanft an, umfassen Sie es mit verschränkten Händen und ziehen es an Ihren Körper. Halten Sie gleichzeitig das andere Bein gestreckt am Boden (Abb. 27).

Oder hocken Sie – die Füße auseinander – am Boden, ggf. mit den Fersen auf einer Unterlage, und halten Sie Ihre Knie in den verschränkten Armen (Abb. 26).

Tai Ji

Im Tai Ji gibt es eine Reihe sehr nützlicher allgemeiner Bewegungsfolgen, die den ganzen Körper lockern, entspannen und zugleich kräftigen. Probieren Sie die folgende aus:

Stehen Sie mit leicht gespreizten Beinen, wobei die Füße nach vorn zeigen. Richten Sie sich nicht voll auf, sondern beugen Sie leicht die Knie, und ziehen das Steißbein ein. Lassen Sie in den Schultern los und die Arme locker herabhängen. Werden Sie des Atems gewahr, und bringen Sie die Aufmerksamkeit zugleich besonders in den Bauchraum.

Drehen Sie nun den ganzen Körper – vom Kopf bis zu den Fußgelenken – sanft von einer Seite zur anderen, und lassen Sie die Arme frei schwingen. Die Füße bleiben dabei fürs Erste am Platz. Lassen Sie die Arme sich im Rhythmus der Drehung höher hinauf und weiter vom Körper fort bewegen. Schwingen Sie linksherum und dann wieder rechtsherum, drehen Sie Bauch, Brust, Nacken und Kopf in einer harmonischen, flüssigen Bewegung. Lassen Sie mit zunehmendem Schwung die Schultern los und die Arme mitschwingen. Die Arme können dabei, wenn nötig bei jeder Drehung, ganz natürlich gegen den Körper fallen. Drehen Sie sich nicht mit Gewalt, sondern sanft und gleichmäßig (Abb. 28, 29).

Überlassen Sie sich dieser Bewegung immer mehr. Wenn Sie nach links schwingen, bringen Sie Ihr Gewicht auf den rechten Fuß. Wenn Sie nach rechts schwingen, spüren Sie das Gewicht auf dem linken Fuß. Halten Sie die Knie gebeugt – vielleicht sind sie jetzt stärker gebeugt – und das Steißbein eingezogen. Wenn die Bewegung immer leichter geschieht, soll es sich so anfühlen, als käme der Bewegungsimpuls allein aus Ihrem Bauch.

Bewegen Sie nach einer Weile auch die Füße. Drehen Sie jeweils einen Fuß auf der Ferse nach außen, indem sie ihn der Körperdrehung folgen lassen, so dass Sie den rechten Fuß drehen, wenn etwa dreiviertel des Schwungs nach rechts ausgeführt sind. Wenn Sie sich

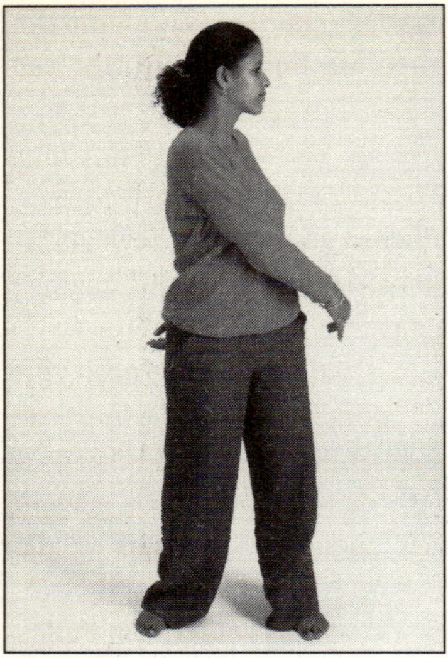
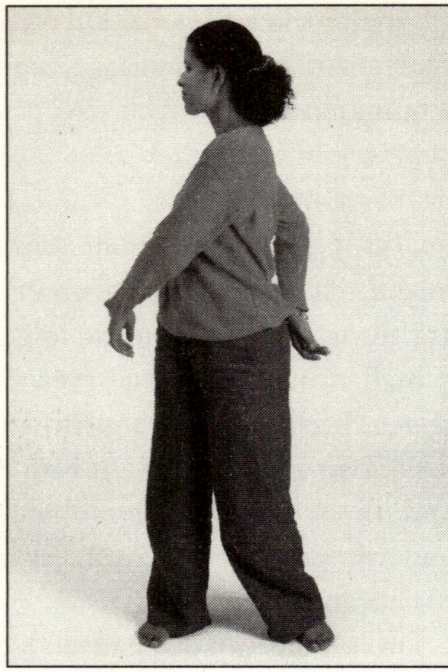

Abb. 28 und 29
Um die Körperachse schwingen – Lockern und Stärken des ganzen Körpers

nach vorn zurückdrehen, zeigen auch die Zehen wieder nach vorn. Schwingen Sie nach links, dreht sich der linke Fuß auf der Ferse entsprechend nach links.

Trotz der etwas komplizierten Beschreibung ist dies eine sehr einfache, entspannende Übung, die überdies Spaß macht. Nehmen Sie sich Zeit; es kann einige Minuten dauern, bis Sie ein Gespür dafür entwickelt haben. Der ganze Körper wird hierbei trainiert und harmonisiert. Diese Übung ist besonders gut für Schultern, Hüften und Bauchraum.

Hatha-Yoga

Yoga ist von den vier Übungswegen wahrscheinlich der systematischste. Es gibt Hunderte spezieller Asanas (Haltungen), um jeden Körperteil zu entwickeln. Hier können wir nur wenige vorstellen. Beim Yoga liegt die Betonung darauf, sich in den Haltungen jedes Körperteils wahrzunehmen und diesen gezielt zu trainieren. Durch präzise Aufmerksamkeit auf die körperlichen Vorgänge werden eine

Abb. 30
Entwicklung von Flexibilität in den Knien und hinteren Oberschenkeln

Abb. 31
Seitliche Beindehnung

tiefe Entspannung und sehr feine Bewegungen bewusst gesteuert. Derartige Feinheiten können jedoch (wie bei Tai Ji und Alexander-Technik) nur von einem qualifizierten Lehrer vermittelt werden.

Zunächst zwei einfache Übungen, welche die Beinmuskeln flexibler machen, die Knie kräftigen und die Hüftgelenke öffnen (Abb. 30, 31). Eigentlich sind dies keine traditionellen Yogaübungen; sie werden aber im Yogaunterricht oft zum »Aufwärmen« benutzt:

Stehen Sie mit geschlossenen Füßen vor einer Ablagefläche, die etwas niedriger als Ihre Hüfte ist (passen Sie die Höhe Ihrer Gelenkigkeit an). Spannen Sie die Muskeln der Oberschenkel und Knie so an, dass die Kniescheiben hochgezogen werden. Heben Sie nun ein Bein, und legen Sie die Ferse so auf die Fläche, dass das Bein ausgestreckt vor Ihnen liegt. Halten Sie weiterhin beide Knie gerade. Die Ablagefläche sollte so hoch sein, dass Sie das Bein gut durchstrecken können, ohne die Grenze des Erträglichen zu überschreiten.

Stehen Sie aufrecht; beide Füße zeigen dabei nach vorn. Konzentrieren Sie sich auf die Empfindungen in Ihrem Körper, und erlauben Sie der oberen Brust, sich zu öffnen, und den Schultern, sich nach hinten zu entspannen wie in der Meditationshaltung. Heben Sie während der ganzen Zeit die Beinmuskeln.

Wechseln Sie nach einer Weile die Beine.

Diese und die nächste Übung machen Ihre Knie flexibler und entwickeln die Rückseiten der Oberschenkel.

Die seitliche Beindehnung ist gut für die Hüften. Nehmen Sie die gleiche Ablagefläche – oder, wenn es schwierig ist, eine niedrigere – und stellen sich diesmal seitwärts dazu hin.

Heben Sie ein Bein, und legen Sie die Ferse auf die Kante der Ablagefläche; Knie und Beine sind durchgestreckt wie in der letzten Übung. Die Zehen des angehobenen Fußes zeigen nach oben, und der Rumpf bildet eine Linie mit dem Standbein, die Hände liegen auf den Hüften. Machen Sie auch diese Übung anschließend zur anderen Seite.

In der Dreieckstellung durchlaufen Sie einzelne Phasen, die Sie jeweils als Teile der Stellung betrachten sollten, damit Sie das Gewahrsein während der ganzen Zeit aufrechterhalten (Abb. 32–35).

(1) Stehen Sie zuerst mit geschlossenen Füßen aufrecht, die Kniescheiben und Oberschenkelmuskeln sind hochgezogen, die Hände hängen entspannt seitlich herab. Das Steißbein ist leicht einwärts und nach vorn gezogen. Entspannen Sie den Geist, konzentrieren Sie sich, und erhöhen Sie allmählich die Bewusstheit im Körper.

(2) Nehmen Sie nun die Füße einen Meter weit auseinander, so dass sie nach vorn zeigen. Dann drehen Sie den rechten Fuß

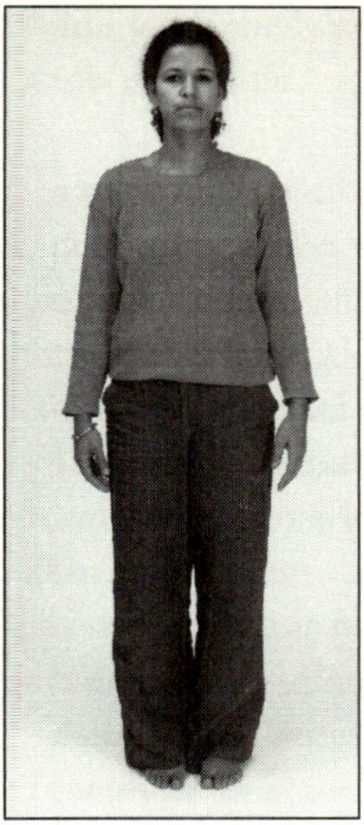

Abb. 32
Dreieckstellung ·
Aufrecht stehen

Abb. 33
Dreieckstellung · Beine gegrätscht, ein Fuß nach außen gedreht, der andere leicht nach innen

Abb. 34
Dreieckstellung ·
Seitliches Wegdehnen und Kippen

Abb. 35
Dreieckstellung ·
Arm heben, nach oben schauen

um neunzig Grad nach rechts auswärts und den linken Fuß etwas einwärts. Heben Sie beide Arme auf Schulterhöhe; das Gesicht schaut weiterhin nach vorn.

(3) Kippen Sie dann den Rumpf aus der rechten Hüfte nach rechts, und dehnen Sie ihn, vom rechten gestreckten Arm angeführt, zur Seite weg. Das Knie wird dabei nicht gebeugt, und die Beine, Hüften, Taille und Schultern sind alle in einer geraden Linie. Lassen Sie den rechten Arm fallen, und fassen Sie den Unterschenkel dort, wo die Hand ankommt, damit Sie die gerade Linie des Oberkörpers nicht verlieren. Der Kopf schaut noch immer nach vorn, der Nacken ist entspannt, Knie und Oberschenkel sind weiterhin gerade und aktiv.

(4) Strecken Sie nun den linken Arm – Handgelenk, Hand und auch die Finger – zur Decke, drehen Sie den Kopf, und schauen Sie nach oben. Bleiben Sie ein paar Atemzüge lang in dieser Haltung und versuchen, sie fortwährend stabiler zu machen. (Wenn Sie Ihre Aufmerksamkeit in die Füße und Beine bringen, wird die Stellung insgesamt leichter und angenehmer werden.)

Am Ende ziehen Sie sich mit dem nach oben weisenden Arm (am besten während einer Einatmung) zurück in die Mitte und drehen die Füße wieder nach vorn. Die Knie bleiben dabei gerade und die Arme seitlich gestreckt.

Wiederholen Sie das Gleiche zur anderen Seite. Drehen Sie den linken Fuß nach außen, den rechten etwas einwärts, und strecken Sie sich (bei einer Ausatmung) wie vorher nun nach links. Wenn Sie die Stellung mit dem Rücken gegen eine Wand ausführen, können Sie Rumpf und Beine leichter in einer geraden Linie halten.

Die Dreieckstellung ist eine ausgezeichnete »Allround-Übung«. Sie macht Beine, Knie, Hüften und den unteren Rücken beweglicher und kräftiger. Arbeiten Sie langsam, ohne sich zu verkrampfen. Machen Sie die Stellung zwei- oder dreimal zu jeder Seite. Lassen Sie während der ganzen Übung den Atem frei fließen.

Der Schustersitz lockert die Hüftgelenke und erleichtert bei regelmäßiger Übung das Sitzen mit gekreuzten Beinen (Abb. 36).

Abb. 36
Schustersitz zum Lockern der Hüften

Sitzen Sie auf dem Boden, legen Sie die Fußsohlen so gegeneinander, dass die Fersen nah am Körper sind, und umfassen Sie mit den Händen die Zehen. Sitzen Sie mit offener Brust aufrecht (zur Unterstützung können Sie den Rücken gegen die Wand lehnen). Konzentrieren Sie sich nun auf die Hüften und die Oberschenkelmuskeln, und versuchen Sie, in den Leisten loszulassen. Wenn Sie das tun, werden die Knie langsam in Richtung Boden sinken.

Zwei Personen können einander dabei helfen. Während Sie mit dem Rücken zur Wand sitzen, kniet Ihr Partner so, dass seine Knie Ihre Fersen eng an Ihrem Körper halten. Dann legt der Partner seine Hände sanft auf Ihre Knie, ohne Druck auszuüben. Lassen Sie in den Oberschenkeln und Leisten los; das Gewicht der Arme hilft den Oberschenkelmuskeln, sich leicht zu dehnen, und erzeugt einen sanften Druck, gegen den man sich entspannen kann.

Es ist empfehlenswert, sich am Ende einer jeden Übungsreihe hinzulegen und zu entspannen, während das Gewahrsein aufrechterhalten bleibt; das gilt ganz besonders für Yoga. Dazu können Sie die folgende Entspannungsform der Alexander-Technik benutzen (Abb. 37, 38).

Alexander-Technik

In der Alexander-Technik gibt es keine speziellen Übungen; man steigert in alltäglichen Tätigkeiten wie Sitzen, Stehen und Gehen sein Gewahrsein dafür, wie man den Körper benutzt. Lehrer der Alexander-Technik empfehlen allerdings die folgende Entspannung:

Setzen Sie sich auf den Boden, und legen Sie ein Buch oder mehrere Bücher (etwa drei bis fünf Zentimeter hoch) sechzig bis neunzig Zentimeter weit hinter sich. Beugen Sie die Knie, halten Sie die Füße flach am Boden, und nehmen Sie sie schulterbreit auseinander (Abb. 37).

Nun rollen Sie den Rücken rückwärts ab; stützen Sie sich dabei mit den Ellbogen und Unterarmen ab, bis der Körper auf dem Boden liegt und der Hinterkopf auf den Büchern ruht. Benutzen Sie gegebenenfalls die Hände, um die Lage der Bücher so zu korrigieren, dass der Hinterkopf aufliegt und der Nacken frei bleibt.

Vielleicht müssen Sie die Höhe des Bücherstapels verändern, damit Ihr Kopf weder nach hinten fällt noch so weit gehoben wird, dass das Kinn die Kehle einklemmt. Der Stapel darf eher zu hoch als zu niedrig sein. Die Stirn liegt am besten ein klein wenig höher als das Kinn.

Ziehen Sie dann die Füße so nah zum Gesäß, dass die Knie in einem bequemen Gleichgewicht sind und zur Decke zeigen. Möglicherweise müssen Sie die Füße weiter auseinander nehmen oder enger zusammen, bis der Gleichgewichtspunkt gefunden ist. Ein gewisses Maß an Muskelanspannung mag wohl für die Haltung erforderlich sein; sie sollte aber so gering wie möglich sein, damit es kein Ziehen an Hüftgelenk und Zehen gibt und die Beinmuskulatur nicht angespannt ist.

Lassen Sie die Ellbogen zur Seite ausgleiten, und legen Sie die Handflächen auf Bauch oder Hüften ab. Überlassen Sie nun das ganze Körpergewicht dem Boden (Abb. 39).

Wenn Sie diese Entspannungsstellung in Verbindung mit Alexander-»Anweisungen« an Ihren Körper ausführen, wird die Wirbelsäule länger, der ganze Rücken weiter, und die gesamte Bein- und Armmuskulatur wird gelöst und gedehnt. Diese »Anweisungen« sind eine Art »Sich-in-den-Körper-Hineindenken«. Sie werden am besten von einem Lehrer/einer Lehrerin gegeben. Forcierte Versuche,

Abb. 37 und 38
Halb liegende Alexander-Stellung: (1) Niedersetzen für die Entspannung; (2) endgültige Stellung

diesen Prozess in Gang zu bringen, könnten dazu führen, dass die Muskulatur sich weiter verspannt, anstatt sich zu lösen und zu harmonisieren, was man mit den Anweisungen eigentlich erreichen will.

Die Anweisungen bestehen darin, dass Sie sich vorstellen, dass Ihre Nackenmuskeln sich lösen, damit der Kopf sich von den Schultern weg bewegen kann (Abb. 38); in Ihren Gedanken wird Ihr

Rücken länger und weiter, und die Knie streben »nach oben« in Richtung Decke, weg von den Hüft- und Fußgelenken.

Stehen Sie niemals abrupt auf, wenn Sie einige Zeit gelegen haben. Rollen Sie zuerst auf eine Seite, wobei Ihre Augen die Bewegung anführen. Dann stehen Sie vorsichtig auf.

Wenn Sie täglich fünfzehn bis zwanzig Minuten lang üben, werden Sie eine größere Ausgewogenheit und ein deutlich verbessertes Gewahrsein Ihrer Körperbewegungen entwickeln.

Aufbau einer Meditationspraxis

In den ersten Monaten, nachdem Sie eine Meditationspraxis aufgenommen haben, werden Sie ein allgemeines »Freiwerden« von Energie erleben. Sie spüren wahrscheinlich ein Grundgefühl von mehr Ruhe und Klarheit und fühlen sich innerlich neu belebt. Vielleicht haben Sie das beglückende, zuversichtliche Gefühl, »Sie selbst zu sein«, und bemerken, dass Sie dem Leben offenherziger und auf eine schöpferische Weise begegnen können.

Auch andere Menschen merken wahrscheinlich, dass Sie sich ändern, und werden – solange Ihnen das alles nicht zu Kopf steigt – an Ihrer Gesellschaft mehr Freude haben, da Sie zugänglicher und freundlicher geworden sind.

Die tägliche Übung

Diese Verbesserungen sind direkte Ergebnisse der Meditation. Das heißt, sie sind davon abhängig, dass Sie tatsächlich meditieren. Um dauerhafte Ergebnisse zu erzielen, müssen Sie in der Tat regelmäßig meditieren. Am besten machen Sie eine feste Gewohnheit daraus und üben jeden Tag. Dann wird Ihre Übung eine eigene Dynamik entwickeln: Die wohltuenden Resultate der Meditation treten deutlicher hervor, und im Allgemeinen wird auch Ihr Wunsch zu üben stärker. Die Motivation ist wichtig. Wenn Sie Ihr Interesse wach halten wollen, müssen Sie dafür sorgen, dass Ihre Meditationspraxis effektiv bleibt. Sie soll Sie spürbar weiterbringen. Regelmäßige Meditation verlangt auch ein wenig Selbstdisziplin. Das bedeutet nicht, dass Sie sich zwingen sollen – es geht vielmehr darum, Mittel und Wege zu finden, wie Sie Ihre regelmäßige Übung angenehm und befriedigend gestalten können. Sie benötigen kreative Herangehensweisen an Ihre Meditation.

Freude an der regelmäßigen Übung

Machen Sie es sich zur Gewohnheit, jeden Tag um die gleiche Zeit zu meditieren. Zunächst einmal kommt jede Tageszeit dafür in Frage. Betrachten Sie diese als Ihre feste Meditationszeit.

Für viele Menschen ist der frühe Morgen zum Meditieren am besten geeignet, da der Geist dann noch ruhig und friedlich ist. Ich kenne Leute, die immer – sehr leise, um niemanden aufzuwecken – vor ihren Mitbewohnern aufstehen, um zu meditieren. Ihre Übung in dieser stillen Stunde erfrischt sie für den beginnenden Tag. Zu anderen Zeiten zu meditieren wäre für sie eher ein Nachteil. Abends sind sie vielleicht müde, bekommen Besuch, oder es gibt andere Ablenkungen.

Andere Menschen sind außerstande, morgens die nötige Ruhe zu finden. Alle um sie herum sind dann normalerweise in Eile, und auch sie selbst können um diese Tageszeit nur darüber nachdenken, was sie heute alles vorhaben. Für diese Menschen ist der Abend vielleicht eine ausgezeichnete Zeit zum Meditieren: Der Tag ist vorbei – sie können sich in Ruhe entspannen und die Arbeit vergessen. In der Stadt kann es sogar angenehm sein, spätabends zu meditieren, wenn alle zu Bett gegangen sind und der Straßenlärm verebbt.

Andere Meditierende treffen

Wenn Sie sich entscheiden, regelmäßig zu meditieren, ist das eine selbst gewählte Disziplin, für die Sie Unterstützung brauchen. Die Ermutigung und Inspiration, die andere Ihnen geben können, sind für Ihre Meditationspraxis ein Gewinn. Schon dieses Buch zu lesen wird Ihnen hoffentlich Mut machen. Aber das reicht noch nicht aus, um Ihre Übung zu unterstützen. Deshalb sagen einige Lehrende, man könne Meditation nicht aus Büchern lernen. Ich stimme dieser Ansicht zu. Eine persönliche Anleitung ist viel direkter als das gedruckte Wort: Sie können das Wesentliche leichter erfassen, wenn Sie auch erleben, wie jemand lehrt. In einem Meditationskurs gibt es außerdem die Gelegenheit zu Fragen und Gesprächen. Darüber hinaus ist es inspirierend, ab und zu gemeinsam mit anderen zu meditieren. Wenn Sie immer nur alleine meditieren, fehlen Ihnen die Vergleichsmöglichkeiten zur Einschätzung Ihres Meditationsfortschritts.

Im Austausch mit erfahreneren Meditierenden können Sie klarer erkennen, was in Ihrer Übung eigentlich geschieht. Die meisten Menschen erleben gelegentlich Phasen, in denen ihre Meditation scheinbar zu nichts führt. Zu solchen Zeiten ist der Austausch mit erfahreneren Meditierenden sehr hilfreich: Sie können uns inspirieren und eine weitere Perspektive geben, weil sie einfach »ganz sie selbst« sind. Wir können auch dann etwas Wichtiges von diesen Menschen lernen, wenn wir keine besonderen Fragen an sie haben. Freunden Sie sich mit Menschen an, die ebenfalls gerade zu meditieren begonnen haben. Dabei können Sie sehen, wie sie sich durch Meditation ändern und manchmal ganz ähnliche Schwierigkeiten dabei haben wie Sie selbst.

Wenn Ihnen der Ansatz dieses Buches gefällt, suchen Sie ein buddhistisches Zentrum in Ihrer Nähe, in dem diese grundlegenden Methoden gelehrt werden. Falls Sie zu weit entfernt wohnen, kann es lohnen, brieflich oder telefonisch eine Verbindung zu knüpfen. Einfach persönlichen Kontakt mit anderen aufzunehmen kann Ihrer Begeisterung fürs Meditieren einen gewaltigen Schub geben. Dabei erfahren Sie vielleicht auch, wann ein Lehrer oder eine Lehrerin in Ihre Gegend kommt oder wo demnächst ein Meditationswochenende oder eine längere Meditationszeit stattfindet.

Meditationszeiten

Eine Meditationszeit verbringt man am besten an einem ruhigen Ort. Man lässt die Betriebsamkeit des Alltags hinter sich und verwendet mehr Zeit auf die Meditation. Nachdem Sie etwa einen Monat oder etwas länger meditiert haben, werden Sie auf einer solchen Klausur tiefer erfahren, was Meditation eigentlich sein kann. Damit können Sie Ihre Übung auf ein solideres Fundament stellen. Solche Meditationszeiten werden von verschiedenen buddhistischen Gemeinschaften angeboten. Sie können unterschiedlich lange dauern, von einem Tag oder Wochenende bis zu ein, zwei und mehr Wochen. Je nach den Vorerfahrungen und Bedürfnissen der Teilnehmenden gibt es die verschiedensten Arten von Retreats. Ihr hervorstechendes Merkmal ist der völlige Rückzug vom Gewohnten, damit man sich mehr auf die Übung der Meditation konzentrieren kann. Diese günstigeren

Bedingungen erleichtern es, sich tiefer auf die Meditation einzulassen. Solche Veranstaltungen finden zumeist in ländlicher oder zumindest ruhiger Umgebung statt. Es wird sehr viel ausmachen, wenn Sie ungestört meditieren können: Dann können Sie optimal praktizieren und Ihren Geist in seiner bestmöglichen Verfassung erleben. Es lohnt sich, ein Retreat zu besuchen, wenn Sie sich bereit dazu fühlen.

Die geeignete innere Haltung

Vorbereitung auf die Meditation

Einmal sind wir in der Stimmung zu meditieren und ein andermal nicht. Es gibt verschiedene Möglichkeiten, eine eher meditative innere Einstellung zu begünstigen.

Ihre Vorbereitung hat einen entscheidenden Einfluss darauf, ob Sie sich sammeln können oder nicht. Wenn Sie sich gleich nach einem lebhaften Gespräch, nach der Arbeit oder spätabends, wenn Sie schon müde sind, begeistert auf das Meditationskissen fallen lassen, werden Sie es wahrscheinlich viel schwieriger finden, zu meditieren, als gewöhnlich. Wenn Sie mit vollem Magen oder sofort nach einer körperlichen Anstrengung zu meditieren versuchen, sind Sie eigentlich nicht vorbereitet. Wieder wird das Ergebnis wahrscheinlich keine leichte Meditation sein.

Sie können nur dann richtig meditieren, wenn Ihr Geist zulässt, dass Sie Ihr sonstiges Leben beiseite stellen und sich ganz auf den gegenwärtigen Augenblick konzentrieren. Es ist unerlässlich, dass Sie unerledigte Aufgaben – Angelegenheiten, die Sie mit anderen besprechen wollen, und alles, was Sie irgendwie beschäftigt – »loslassen« können. Solange Sie nicht loslassen, werden diese Dinge weiter in Ihrem Geist herumschwirren und Sie bei Ihren Versuchen, sich zu sammeln, stören. Jedes Mal wenn Sie sich zur Meditation hinsetzen, müssen Sie sich so weit irgend möglich von dem, was Sie zurzeit besonders beschäftigt, trennen können. Sie benötigen eine »Lücke« – ausreichend Raum zwischen Ihren gewöhnlichen Alltagsaktivitäten und der Meditationsübung. Das können Sie mit einer Teepause, einem kurzen Spaziergang oder letztlich mit allem erreichen, was Sie beruhigt und wieder »zu sich bringt«. Versuchen Sie in dieser Zeit, sich Ihres Körpers, der Gefühlsempfindungen, der Emotionen und Gedanken möglichst bewusst zu sein, so dass Sie zu Beginn der Meditation völlig gegenwärtig und in Einklang mit sich selbst sind. Wenn Sie immer diese Art von innerem Raum schaffen, werden Sie feststellen, dass viel mehr Ihrer Energie für die Meditation einsetzbar ist.

Eine Meditationssitzung beenden

Die Art und Weise, wie Sie sich von einem Freund verabschieden, kann Ihre ganze künftige Beziehung zueinander beeinflussen. Einen ähnlich starken Effekt auf Ihre gesamte Meditationspraxis hat die Art und Weise, wie Sie eine einzelne Sitzung beenden. Es ist also wichtig, die Meditation in der richtigen Art abzuschließen.

Um die in der Übung gewonnene Ruhe und Klarheit zu bewahren, sollten Sie den Raum still und leise verlassen. Abrupt aufzustehen und sofort eine anregende Tätigkeit aufzunehmen wird die aufgebaute Sammlung sogleich zerstreuen. Manchmal, wenn Sie einen vollen Terminkalender haben, ist es schwierig, so etwas zu vermeiden. Wenn Sie es aber wirklich wollen, können Sie Hast und Hektik immer verhindern – es ist nur eine Frage der Entschiedenheit und der guten Zeiteinteilung. Wenn Sie entsprechend planen, können Sie Ihren Meditationssitz immer sanft und mit ausreichender Übergangszeit bis zu Ihrer nächsten Tätigkeit verlassen. Vielleicht machen Sie es sich zur Gewohnheit, einige Minuten lang still und müßig zu verweilen, bevor Sie in die Geschäftigkeit des Alltags eintauchen.

Ein abruptes Ende der Meditation kann so verstörend wirken, dass ein innerer Widerstand gegen zukünftige Meditationen entsteht. Wenn Sie stattdessen sorgsam darauf achten, mit einem guten Gefühl Ihrer Übung gegenüber zu enden, werden Sie gerne zur nächsten Sitzung zurückkommen.

Freude und Inspiration

Meditationsübung ist etwas Lebendiges, das man hegen und pflegen muss. Eine fürsorgliche Haltung hilft zu verhindern, dass übermächtige Widerstände gegen die Meditation aufkommen. Besonders zu Beginn einer Meditation muss man oft einen gewissen Widerstand überwinden. Normalerweise ist das nicht weiter problematisch. Doch wenn der Widerstand wächst, kann es schwierig werden, damit umzugehen. Vergessen Sie nicht, dass Sie in der Regel Freude an Ihrer Meditation haben sollten. Von gelegentlichen »Aussetzern« abgesehen ist etwas nicht in Ordnung, wenn Sie auf Dauer keinen Gefallen an Ihrer Meditation finden. Dann müssen Sie irgendwie das Gleichgewicht wiederherstellen. Vielleicht liegt der Fehler in der Art, wie Sie in der Übung arbeiten, oder vielleicht ist die Vorbereitung unzureichend.

Solche Schwierigkeiten können auch von der Umgebung herrühren, in der Sie meditieren. Die äußeren Bedingungen können die Konzentration stark beeinflussen – sorgen Sie deshalb für die bestmöglichen Voraussetzungen. Wenn Ihre Umgebung sehr laut ist und die Konzentration erschwert, lohnt es sich, etwas daran zu ändern. Vielleicht reden Sie mit den Nachbarn oder benutzen Ohrstöpsel, bringen Schallisolierung an oder ziehen sogar um! Sie könnten auch häufiger Meditationsabende und Retreats besuchen, wo es ruhig ist und wo andere Menschen Ihre Übung unterstützen.

Richten Sie, wenn es geht, Ihren Meditationssitz an einem festen, eigens dafür vorgesehenen Platz ein – vielleicht in einer Ecke des Schlafzimmers. Ein fester Platz wird das Gefühl der Beständigkeit Ihrer Übung verstärken und Sie immer daran erinnern. Verschönern Sie diesen Ort so, dass eine friedliche Atmosphäre entsteht. Sie können Pflanzen, interessante Steine, Wurzeln oder andere ansprechende Gegenstände arrangieren. Alles, was Sie inspiriert, kommt für diesen Platz in Frage. Ich habe ein Bildnis des Buddha mit Kerzen und manchmal ein paar Blumen auf meinem kleinen Schrein. Wenn Sie sich dann zur eigentlichen Meditation niedersetzen, können frische Luft und der Geruch von glimmenden Räucherstäbchen oder Duftölen beruhigend und besänftigend auf Ihren Geist wirken. Die Umgebung in solcher Weise herzurichten macht den Geist bereit, sich zu sammeln.

Mehr Zeit für die Meditation einräumen

Wenn Sie die nötigen inneren und äußeren Bedingungen für die Übung schaffen, kann sich Ihre Meditation entfalten. Diese Entwicklung können Sie fördern, indem Sie mehr Zeit für die Meditation einräumen. Versuchen Sie – wenn Sie recht gut gesammelt sind und einigermaßen bequem sitzen können –, länger zu meditieren. Dehnen Sie die Meditation so lange aus, wie Sie in der Übung ein Gefühl von Kreativität spüren.

Ausgedehntere Meditationssitzungen haben mehrere Vorteile. Wenn Sie sich mehr Zeit nehmen, können Sie tiefer entspannen und somit Ablenkungen leichter aus dem Weg räumen. Es kann oft lange dauern, bis man ganz in seiner Konzentration aufgeht oder auch nur seine Gefühle spüren kann. Zwingen Sie sich nicht über Ihre Grenzen hinaus. Wenn Sie aber den Wunsch dazu verspüren, meditieren Sie ruhig etwas länger. Dehnen Sie mit der Zeit die Dauer Ihrer Meditationssitzungen aus. Sollten Sie nach ein oder zwei Monaten vierzig oder mehr Minuten lang sitzen und dabei Ihr Interesse an der Übung aufrechterhalten können, dann sind Sie gut vorangekommen.

Achtsamkeit

Sind Sie bereit?

»›Es gibt ein Gedicht‹, sagte Mr. Chen [der Yogin], ›in dem es darum geht, wie man sich auf eine Mahlzeit vorbereitet.‹ Er lächelte, nahm seine Notizen und begann zu lesen. Nachdem sie die erste Zeile gehört hatten, lächelten auch der Zuhörer und der Autor, denn sie hörten Folgendes:

›Ein Laib Brot‹, sagte das Walross,
›das wäre fast ideal:
dazu noch Pfeffer und Essig,
sonst schmeckt es etwas schal.
Nun, seid ihr bereit, liebe Austern?
Dann kommt, wir beginnen das Mahl!‹[12]

Mr. Chen lachte herzlich – ein ansteckendes Lachen, in das wir beide einstimmten. ›Aber‹, fuhr er ernster fort, ›hier wird eine

Frage gestellt: Seid ihr bereit? Wenn wir das genauer untersuchen, scheint diese Frage über unserem ganzen Leben zu schweben. Selbst in den angespanntesten Augenblicken, wenn beispielsweise ein Junge für ein Wettrennen in den Startlöchern hockt, welche Frage wird dann gestellt? – Bist du bereit? Selbst in einem solchen Moment gibt es Vorbereitung.‹«[13]

Sind Sie zum Meditieren bereit? Wenn Sie sich auf eine Meditationssitzung nicht vorbereitet haben – wenn es Ihnen nicht gelungen ist, Ihr übriges Leben beiseite zu lassen –, werden Sie möglicherweise für einen großen Teil der Meditation mit den Folgen kämpfen müssen. All die Kräfte, die Sie für die Konzentration benötigt hätten, sind in die Ideen und Emotionen geflossen, die Sie im Geist noch immer festhalten.

Die meisten Menschen erleben so etwas wieder und wieder. Wir verbringen unsere Meditation damit, zu planen, was wir heute tun werden, herauszufinden, was gestern »wirklich passiert ist«, oder wir setzen im Geist das Gespräch fort, das wir eben noch geführt haben. Irgendwann müssen wir begreifen, wie wichtig es ist, uns auch innerlich vorzubereiten. Wenn wir unser Leben als Ganzes betrachten, müssen wir feststellen, dass wir die Stufe, wo wir auf alles – nicht nur auf die Meditation – voll und ganz vorbereitet sind, erst noch erreichen müssen. In der Tat stellt uns jeder Moment unseres Lebens vor die Frage: »Bist du bereit?«

Eines Samstagmorgens nehme ich mir etwas vor. Ich entscheide, dass es höchste Zeit ist, in die Stadt zu gehen, um jenes Ersatzteil für mein Fahrrad zu kaufen, an das ich schon seit Wochen gedacht habe, ohne etwas zu unternehmen. Samstags schließt der Fahrradladen schon um eins, und ich kann nur heute hingehen, da ich an den übrigen Wochentagen im Nachbarort arbeite. Aber es ist ja noch früh; ich habe genug Zeit. So setze ich mich hin und sehe etwas fern. Ich finde das Programm zwar nicht sonderlich interessant, aber irgendwie hält es mich doch eine Stunde lang fest. Erst als plötzlich im Flur das Telefon klingelt, werde ich vom Fernseher weggezogen. Ein Freund ruft an, den ich schon länger nicht gesehen habe, und wir haben einander viel zu erzählen. Als ich den Hörer auflege, ist eine halbe Stunde verflogen. Die Fahrt in die Stadt habe ich völlig vergessen. Ohne recht zu wissen, was ich mit mir anfangen soll (aber mit dem nagenden Gefühl, dass da doch irgendetwas war, das ich tun wollte), gehe ich in die Küche. Da stehe ich nun ziemlich ratlos, bis ich zu dem Schluss komme, dass ich wenigstens irgendetwas tun sollte. Schließlich kommt der rettende Einfall – ich setze Kaffee auf. Ich fülle den Kessel mit Wasser und stelle ihn auf den Herd. Da höre ich ein schwaches Geräusch durch die Wand zum anderen Zimmer. Es ist eine menschliche Stimme. Ein Schauer läuft mir über den Rücken ... Wer kann das sein? Doch dann fällt mir ein, dass ja im Wohnzimmer noch immer der Fernseher läuft. Ich gehe hin, um ihn auszuschalten. Jetzt aber ist das Programm wirklich interessant, und so bleibe ich und schaue gebannt auf die Mattscheibe. Einige Zeit vergeht – ich weiß nicht genau wie viel –, da unterbricht ein lautes Klopfen an der Haustür abrupt meine Konzentration. Eine Freundin ist gekommen und schlägt vor, gemeinsam zu Mittag zu essen. Ich freue mich und bin gleich wieder bester Laune. Bevor wir losgehen, biete ich ihr noch eine Tasse Kaffee an. Da fällt mir schlagartig und mit wachsender Bestürzung ein, dass ich den Kessel schon vor einer ganzen Weile aufgesetzt hatte. Meine Gedanken rasen. Wie lange ist das bloß her? Ist es denn wirklich schon Mittag? Verwirrt und einigermaßen panisch laufe ich in die Küche, die natürlich völlig unter Dampf steht. Verstohlen fülle ich wieder Wasser in den fast leeren Kessel. Meine Freundin, die wohl meinen Gesichtsausdruck bemerkt hat, ist mir in die Küche gefolgt. Sie sieht, was passiert ist, und lacht. Auch ich lache, wenn auch eher betreten. Es ist mir peinlich zuzugeben, woran ihr Kommen mich gerade erinnert hat: die Tatsache, dass es inzwischen ein Uhr ist, dass ich heute früh in die Stadt gehen wollte und dass das Fahrradgeschäft jetzt geschlossen ist.[14]

Diese (etwas übertriebene) Geschichte veranschaulicht vielleicht, wie sehr unser Leben einer Kette von Ablenkungen durch Ablenkungen gleicht! Solange wir nicht wirklich »bereit« sind, werden wir in unserer Meditation mit den Folgen unserer Abgelenktheit zu tun haben. Das muss allerdings nicht sein. Wenn wir wirklich wollen, können wir viel öfter achtsam und bewusst sein.

Wahrscheinlich würde es uns helfen, »bereit« zu sein, wenn wir mehr Konzentration und Zielgerichtetheit in unser Leben brächten.

Die Idee, Achtsamkeit zu entwickeln, klingt sicherlich verlockend. Wären wir weniger abgelenkt, dann wäre unser Geist klarer, und wir wären besser auf die Meditationsübung vorbereitet. Dadurch würde die Meditation selbst konzentrierter, und diese Konzentration würde sich wiederum auf unser Handeln im Alltag auswirken. Wir wären also insgesamt effektiver, ja unser ganzes Leben wäre verwandelt.

Wenn wir aber tatsächlich versuchen, achtsam wahrzunehmen, was wir gerade tun, tritt vielleicht eine gewisse Unsicherheit auf: Worauf sollen wir denn eigentlich achten? Schließlich passiert schon in einer einzigen Sekunde so viel. Welchen der zahllosen Vorgänge, die sich in unserem Geist und Körper gerade abspielen – ganz zu schweigen von der Welt um uns herum –, sollen wir denn wahrnehmen? Unsere Erfahrung ist viel zu komplex, um sie auf einmal ganz zu erfassen. Deshalb müssen wir – praxisbezogen und direkt – wissen, wie man Achtsamkeit entwickelt.

Der Buddha hob vier zentrale Aspekte der menschlichen Erfahrung hervor, die er als »Grundlagen der Achtsamkeit« bezeichnete: den Körper, die Gefühlsempfindungen, die Emotionen und die Gedanken.[15] Das Gewahrsein auf diese vier Bereiche des Erlebens zu richten kann man damit vergleichen, die Fundamente eines Hauses zu legen: Auf der Grundlage von Gewahrsein errichtet man ein ganz neues Leben.

Einige Menschen verhalten sich so, als ob es ihren Körper nicht gäbe. Gedankenverloren spazieren sie umher wie manche zerstreute Professoren. Dabei kann es solch ein Genuss sein, den Körper zu spüren! Wenn Sie sich auf Ihre Körperbewegungen konzentrieren, können die einfachsten Empfindungen – die Berührung der Füße mit dem Boden oder der Luft mit der Haut – reich und fesselnd sein. In der Tat kann man es zu einer Art der Meditation machen (der wir uns später noch widmen werden), die Bewegungsabläufe beim Gehen zu erleben.

Wenn Sie des Körpers gewahr werden, finden Ihre Bewegungen zu einer gewissen Harmonie; Körperhaltung und Gebärden gewinnen an Anmut und Würde. Sie werden ruhig und entspannt; Ihre ganze Art, das Leben anzugehen, verlangsamt sich. Doch obwohl Sie das Tempo drosseln, leisten Sie keineswegs weniger – Sie erreichen sogar mehr, weil Sie nun viel effizienter vorgehen. Aufmerksamkeit auf das Grundlegende gibt Ihnen die Zügel fester in die Hand und macht Sie effektiver. Sie gibt Ihnen mehr Kontrolle. Bewusstheit des Körpers bringt Sie ganz in den gegenwärtigen Augenblick. Sie erlaubt Ihnen, sich voll und ganz dem zuzuwenden, was gerade geschieht. Auf diese Weise werden Sie fähig, über Ihre gesamte Zeit zu verfügen.

Immer wenn man diese »Geistesgegenwart« verliert, werden die Körperbewegungen unbeholfen und fahrig. Kinder sind manchmal wunderbare Beispiele dafür: Wir hören sie vielleicht plappern, während sie gleichzeitig auf einem Bein stehen, das andere drumherum schlingen, die Hände ringen oder ein Ohr reiben. Kopfüber stürzen sie dann, irgendetwas suchend, durchs Zimmer und bleiben plötzlich wie angewurzelt stehen, weil ihnen etwas anderes in den Sinn gekommen ist. Manchmal stolpern sie sogar beim Versuch, zwei Dinge auf einmal zu tun, über die eigenen Füße. Sie scheinen kaum wahrzunehmen, was sie gerade mit ihrem Körper tun. (Erwachsene unterscheiden sich davon nicht allzu sehr – sie verstehen es meistens nur besser, ihre Verwirrung zu verbergen!)

Sie können danach streben, sich in all Ihren alltäglichen Beschäftigungen auf besonnene, klare Weise zu bewegen, ohne Ihre Natürlichkeit dabei zu verlieren oder wie ein Roboter zu werden. Achtsamkeit auf die Körperbewegungen wird Ihrem ganzen Tun eine gewisse ästhetische Qualität geben. Ob Sie eine Schublade öffnen, die Tür schließen, sich vom Stuhl erheben, etwas aufheben oder ablegen – die Achtsamkeit auf den Körper lässt Ihren Geist ruhiger und zugleich reifer werden. Sogar wenn Sie sehr viel zu tun haben, können Sie sich jederzeit frei entscheiden, auf diese klar bewusste Weise zu handeln. Achtsamkeit auf den Körper wird Sie befähigen, Körpergeschick – ein Gewahrsein für die Haltung und die Bewegungsabläufe – zu entwickeln, das Ihre Gesundheit ebenso schützen wird wie Ihre Geistesverfassung. In manchen Situationen wird ein solches Können vielleicht sogar Ihr Leben retten. Unachtsamkeit kann gefährlich sein – die meisten Unfälle passieren durch irgendeine Art von Unachtsamkeit. Durch Achtsamkeit verhindern Sie es, den Rücken durch das gedankenlose Heben eines schweren Gegenstands zu verrenken, oder Sie vermeiden eine Erkältung, weil Sie früh genug bemerken, dass Ihnen kalt ist.

Körper und Geist hängen natürlich eng zusammen; man lernt einiges über seine Gedankenwelt, wenn man einfach die Körperbewegungen beobachtet. Der Körper spricht seine eigene »Sprache«. Seine Ausdrucksformen zeigen unsere emotionale Verfassung ganz direkt. Vielleicht ist es der Gesichtsausdruck, der die offensichtlichsten Botschaften sendet, die uns am ehesten auffallen. Doch kann die gesamte Körperhaltung unsere Stimmung ausdrücken – man spürt sofort unsere Freude oder Zuneigung, unser Interesse, unsere Unsicherheit oder Aggression. Wenn wir das tänzerische Federn im Gang eines Menschen sehen, wissen wir instinktiv, ohne nachzudenken, dass er sich wohl fühlt. Wir spüren gleich, dass etwas nicht stimmt, wenn eine Freundin Kopf und Schultern hängen lässt. Manchmal wissen wir nicht, »wo wir mit den Händen hin sollen«, oder wir fühlen uns unruhig, ohne zu wissen warum. Dann stecken wir vielleicht die Hände in die Taschen, geben uns betont lässig oder zappeln herum. Solche Dinge nehmen wir meistens nicht bewusst wahr. Wenn wir uns aber selbst beobachten, werden wir allmählich erkennen, dass unsere Körpersprache Gefühlsempfindungen und Emotionen ausdrückt, von deren Existenz wir überhaupt nichts wussten.

Erkenne dich selbst.

Inschrift am Apollotempel in Delphi

Erst mit dem Erforschen Ihrer Gefühlsempfindungen und Emotionen fangen Sie an, sich selbst genau kennen zu lernen. Im Kapitel über die Metta-Bhavana haben wir uns schon etwas damit beschäftigt, wie man das tut. Dabei haben wir gesehen, dass der Schlüssel darin liegt, wahrzunehmen, was man tatsächlich fühlt. Gefühlsempfindungen sind einfach – angenehm oder unangenehm, stark oder schwach. Emotionen sind Antworten auf Gefühlsempfindungen. Sie sind schwerer zu beobachten, weil sie oft recht vielschichtig oder sogar verwickelt sind. Wenn wir aber unsere inneren Reaktionen auf die verschiedensten Ereignisse aufmerksam beobachten, können wir die vielen gewohnheitsmäßigen Tendenzen in Aktion sehen, die ständige Abfolge von Gefühlsempfindung – Reaktion, Gefühlsempfindung – Reaktion, Gefühlsempfindung – Reaktion. Wir werden gewahr, wie wir uns zu allem hingezogen fühlen, was Annehmlichkeiten verspricht. Dann erkennen wir unsere freudige (oder auch gierige) Reaktion auf das angenehme Objekt. (Das gilt vor allem, wenn wir es bekommen können! Wenn nicht, werden wir vielleicht mürrisch oder deprimiert.) Wir erkennen unseren grundlegenden Widerwillen gegen alles, was uns unangenehm ist, und reagieren möglicherweise mit Hass – oder auch eher gelassen und unbeteiligt. Zuneigung und Abneigung sind unsere grundlegenden Emotionen. Sie sind die Bewegungsimpulse, sich auf eine bestimmte Erfahrung zu- oder von ihr wegzubewegen.

Als Menschen neigen wir dazu, Erfahrungen aus unserem Bewusstsein »auszugrenzen«, sobald wir uns außerstande fühlen, mit einer bestimmten Emotion zurechtzukommen. Es ist ganz natürlich, dass man sich bei starken Emotionen wie Ärger oder sexueller Begierde unwohl fühlt. Gelegentlich redet man sich dann sogar ein, dass sie überhaupt nicht da sind. Manche Menschen geraten so in einen Zustand chronischer Entfremdung von ihrer Erfahrung. Nur wenige sind sich ihrer Emotionen voll bewusst. In jedem Menschen schlummert eine große Menge potentieller Energie, die in einem Netz uneingestandener Emotionen gefangen ist. Wir können sie zugänglich machen, indem wir unsere Gefühle »in Besitz nehmen«. Doch so befreiend das allein schon sein mag – es genügt nicht, die Emotionen bloß zu erleben. Die Achtsamkeit bei den Gefühlsempfindungen und Emotionen zielt nicht nur darauf, sich selbst direkter und umfassender zu erleben, sondern auch darauf, heilsame und schöpferische Antworten auf diese Erfahrungen zu finden. Durch Achtsamkeit lernen Sie, Liebe und mitfühlendes Erbarmen in alle Ihre Handlungen zu bringen und den Drang zu negativen Emotionen wie Gier und Hass zu vermeiden. Die Gefühlsempfindungen selbst können Sie zwar nicht ändern – Sie werden weiterhin Freude und Schmerz erleben, was immer Sie auch tun mögen. Sie können aber lernen, die Art und Weise zu verändern, wie Sie darauf reagieren.

Die Achtsamkeit auf das Denken ist eine Methode zu lernen, wie man emotional schöpferischer sein kann. Gedanken und Emotionen sind untrennbar miteinander verbunden; die einen sind Schlüssel zu den anderen. Gedanken sind überdies weit mehr als bloß Ideen:

Woher kommen unsere Gedanken, wohin gehen sie – und was sind sie? Oft wissen wir nicht, was wir denken, obwohl wir viel Zeit mit Denken verbringen. Gedanken sind flüchtig. Sie scheinen nach Belieben zu kommen und zu gehen, türmen sich wie majestätische Wolken am Himmel auf oder schießen vorbei wie die winzigen Fische im Bach. Mit der Übung von Achtsamkeit können Sie jedoch die Fähigkeit entwickeln, zu wissen, was Sie gerade denken. Sie ermöglicht Ihnen, einzelne Gedanken zu erspähen und die Richtung zu erkennen, in die sie sich bewegen. Ebenso können Sie lernen herauszufinden, wie Ihre Gedanken in emotionalen Haltungen wurzeln – wie oft zum Beispiel eine Ansicht die Rationalisierung eines Wunsches ist.

Wenn Sie sich spirituell entwickeln wollen, kommen Sie nicht umhin, Ihr Denken zu klären. Die Übung von Meditation steigert Ihr Konzentrationsvermögen und bringt Sie dadurch in eine engere Verbindung mit den Ideen, die bereits in Ihrem Geist existieren. Nun können Sie sich fragen, was Sie wirklich denken. Wenn Sie Ihre Gedanken genau betrachten, werden Sie wahrscheinlich bemerken, dass die meisten von ihnen »aus zweiter Hand« stammen – sie sind ein Mischmasch aus Ideen anderer Leute (deren Ideen ebenfalls meist aus zweiter Hand stammen). Manche davon haben Sie von Eltern, Freunden oder aus den Medien übernommen. Sich dieses »Mischmaschs« bewusst zu werden ist der erste Schritt zu klarem und eigenständigem Denken.

Sich für Achtsamkeit öffnen

In diesem Buch konnten wir die Grundlagen der Achtsamkeit nur recht knapp beschreiben. Immerhin kennen Sie nun aber einige Prinzipien, mit deren Hilfe Sie bessere Bedingungen für die Meditation schaffen können. Wenn Sie Ihrer selbst gewahr sind, werden Sie immer bereit sein zu meditieren – mehr noch: Sie werden für alles bereit sein! Wenn Sie sich dann tatsächlich hinsetzen, um zu meditieren, wird es Ihnen leichter fallen, sich zu sammeln, weil Sie von Anfang an mit Ihrem Erleben in Kontakt waren.

In der Praxis allerdings wirkt unsere Erfahrung oft, als sei sie »aus einem Guss«. Es ist zunächst gar nicht so leicht, die verschiedenen Aspekte von Körper, Gefühlsempfindung, Emotion und Gedanke zu unterscheiden. Am besten beginnen Sie mit dem greifbarsten Teil von sich selbst – dem Körper – und arbeiten sich von dort aus »nach innen« zu den subtileren Aspekten des Geistes vor. Probieren Sie einmal die folgende Übung: Ziehen Sie einen Teil Ihrer Aufmerksamkeit vom Lesen ab, und richten Sie sie auf Ihren Körper. Bringen Sie das Gewahrsein nacheinander in die verschiedenen Körperteile, und erleben Sie all die Empfindungen, auf die Sie dort treffen können. Spüren Sie die Haut des Gesichts und die vielen verschiedenen körperlichen Eindrücke dort. Wahrscheinlich werden Sie Spannungen und Kribbeln wahrnehmen. Erleben Sie diese Empfindungen eine Weile lang in ihrer Gesamtheit. Dann lassen Sie die Aufmerksamkeit von den Empfindungen in den Augen zu den Lippen wandern und von dort weiter zur Stirn und zur Kopfhaut. Während Sie das tun, spüren Sie vielleicht, wie sich gleichzeitig auch andere Teile Ihres Körpers entspannen. Gehen Sie nun hinunter zu den Schultern, Oberarmen, Unterarmen, Handgelenken, Handflächen, Fingern und Daumen. Dann leiten Sie Ihre Aufmerksamkeit Stück für Stück durch den Rest des Körpers – zuerst zu Brust und Bauch, dann nach hinten zum Rücken und die Wirbelsäule hinab zu Hüften, Gesäß, Oberschenkeln, Knien, Waden, Fußgelenken, Füßen und Zehen. Spüren Sie die Empfindungen bis hinunter zum Prickeln in Ihren Fußsohlen.

Ein solches Körpergewahrsein öffnet den Zugang zur Achtsamkeit auf Gefühlsempfindungen, Emotionen und Gedanken. Wenn Sie Ihren Körper spüren, können Sie die Gefühlsempfindungen von Vergnügen und Schmerz wesentlich besser wahrnehmen. Die körperliche Empfindung, jetzt hier zu sitzen, wird vielleicht eher angenehm sein. Spüren Sie nach, ob das stimmt oder nicht. Daneben gibt es auch mentale Gefühlsempfindungen – wir finden Ideen angenehm oder unangenehm. Sie könnten sich zum Beispiel fragen, welche Gefühlsempfindungen diese Lektüre in Ihnen auslöst.

Nehmen Sie einmal an, dass Sie die Übung fortsetzen: Sie sitzen also da und sind sich Ihres Körpers bewusst. Ihre Achtsamkeit lässt Sie erkennen, dass Sie hungrig sind – es ist kein Bärenhunger, aber eine Kleinigkeit könnten Sie gut vertragen. Mit dem Hunger ist fast gar keine Gefühlsempfindung verbunden; Sie stellen lediglich ein ganz leichtes Unbehagen fest. Während Sie diese leicht unangenehme Erfahrung zur Kenntnis nehmen, bemerken Sie auch, dass eine eindeutige emotionale Reaktion dazugehört: eine gelassene Zufriedenheit. Trotz des leichten Unbehagens sind Sie ganz willig weiterzulesen. Unter anderen Umständen hätten Sie vielleicht mit Verlangen oder Gedanken an Essen reagiert. Oder, wenn Sie Ihrer grundlegenden Gefühlsempfindung nicht gewahr gewesen wären, hätte Sie das alles verwirrt, ohne dass Sie wüssten weshalb, und Ihre Konzentration wäre vom Lesen weggewandert. In diesem Augenblick aber sind Sie völlig zufrieden damit, weiterzulesen.

Die Empfindungen Ihres Körpers zu spüren ermöglicht Ihnen also, sich für Ihre Gefühlswelt zu öffnen; die Gefühlsempfindungen zu erleben erlaubt Ihnen, sich für Ihre Emotionen zu öffnen; Ihre Emotionen zu spüren erlaubt Ihnen, sich für Ihre Gedanken zu öffnen.

Die Achtsamkeit auf Emotionen ist eng mit der Achtsamkeit auf Gedanken verbunden. Vielleicht neigen Sie zu der Annahme, dass Gedanken in ihrer eigenen rein rationalen Sphäre existieren; aber das stimmt nicht. Der buddhistischen Psychologie zufolge haben Gedanken immer eine emotionale Komponente. Sind wir ärgerlich, haben wir ärgerliche Gedanken. Wenn wir gierig sind, haben wir gierige Gedanken. Wenn wir entspannt und geduldig sind, ist der Geist flexibel, und wir sind fähig, die Gedanken zu wählen.

Achtsamkeit auf Emotionen und Achtsamkeit auf Gedanken sind die beiden wichtigsten Grundlagen der Achtsamkeit, denn Emotionen und Gedanken sind die Bereiche unserer Erfahrung, die wir ändern können. Die Tatsache, dass wir einen Körper haben oder dass unser Körper bestimmte natürliche Eigenschaften hat, können wir nicht ändern. Ebenso wenig sind wir imstande, unsere Gefühlsempfindungen zu ändern. (Wir können zwar in gewissem Maße auswählen, was wir durch die Sinne aufnehmen, doch sind wir nicht in der Lage zu bestimmen, wie wir in Bezug auf diese Empfindungen fühlen werden.) Wir können aber unsere Reaktionen ändern, und wir können unser Denken klären. Da unsere Gedanken ihrerseits emotional gefärbt sind, bilden die Emotionen das hauptsächliche Arbeitsgebiet der Achtsamkeitsübung. Gewahrsein der Emotionen lehrt Sie, wie Sie auf neue Weise reagieren können – auf eine Weise, die Ihre Zufriedenheit und Entwicklung fördert.

Wie man in der Meditation arbeitet

Konzentrierte Geisteszustände wertschätzen

Wir haben einige äußere Faktoren behandelt, die helfen, eine effektive Meditationspraxis aufzubauen. Nun ist es an der Zeit, auch die Meditation selbst zu betrachten.

Sogar wenn Sie die Vergegenwärtigung des Atems bisher nur einmal ausprobiert haben, werden Sie wahrscheinlich schon etwas über Konzentration entdeckt haben. Vielleicht haben Sie – und sei es nur für den Bruchteil einer Sekunde – einen Schimmer davon gesehen, wie echte Geistesklarheit sein kann. Wenn dem so ist, dann wissen Sie, was es heißt, nicht abgelenkt zu sein: frei von jenen Ablenkungen, Bildern und Gedanken, die gewöhnlich im Geist vor sich hin rattern. Ein gesammelter Geist ist glücklich; er ist klar wie ein blauer Sommerhimmel. Je konzentrierter Sie in der Meditationsübung werden, umso mehr werden sich die ablenkenden Gedanken auflösen. Wenn Sie sehr in die Meditation vertieft sind, kann das Denken in der Tat praktisch fast ganz aufhören.

Gewöhnlich setzen wir unsere geistige Erfahrung mit Denken gleich. Doch die Meditation zeigt, dass Denken nicht zwangsläufig die wichtigste Aktivität ist, die im Geist vor sich geht. Sie entdecken vielleicht, dass Ihr Geist dann seine klarste, reichste und feinste Verfassung erreichen kann, wenn im Grunde genommen keine Gedanken vorhanden sind.

Wenn Menschen, die keine Erfahrung mit Meditation haben, von dieser Tatsache hören, folgern sie manchmal voreilig, es handle sich dabei um eine Art inhaltslosen, leeren Zustand. Ein weit verbreiteter Irrglaube sagt, Meditation bedeute, »den Geist leer machen«.

Gedankenfreies Gewahrsein ist jedoch etwas sehr Positives und Natürliches. So etwas gibt es keineswegs nur beim Meditieren; Sie können es auch während einer Lieblingsbeschäftigung erleben, zum Beispiel bei der Gartenarbeit, beim Malen oder wenn Sie etwas Schönes betrachten. Sie können so wunschlos glücklich in etwas vertieft sein, so sehr in Ihrem Tun »aufgehen«, dass einfach keine Gedanken aufsteigen – oder nur sehr wenige Gedanken. Die Aufmerksamkeit ist dann von der Außenwelt teilweise so sehr abgezogen, dass Sie es vielleicht nicht einmal bemerken, wenn jemand Sie anspricht. Bewusstheit und Denken sind verschiedene Vorgänge: Man kann sich seines Tuns klar bewusst sein, aber kaum darüber nachdenken. Dasselbe geschieht (auf direktere Weise) in der Meditation: Sie können das Objekt Ihrer Übung hellwach wahrnehmen, ohne darüber nachzudenken.

Die Elemente der Meditation

Dieser Aspekt von Meditation hat zu einem anderen Irrglauben Anlass gegeben: dass man »die Gedanken loswerden« solle. Es trifft zu, dass überflüssige Gedanken uns häufig ablenken. Der Versuch, die Gedanken loszuwerden, ist aber als Methode gewöhnlich nicht erfolgreich. Es gibt viele Wege, mit Ablenkungen umzugehen, die besser sind.

Bevor wir aber mögliche Ablenkungen und Hindernisse untersuchen, sollten wir wenigstens ungefähr wissen, was man eigentlich anstrebt. Wenn Sie meditieren, sollten Sie nach einem tief gesammelten, ausgewogenen, glücklichen und konzentrierten Geisteszustand Ausschau halten. Dabei hilft es, davon auszugehen, dass dieser glückliche, gesammelte Zustand »irgendwo gleich um die Ecke« oder »gerade eben unter der Oberfläche« liegt. Sie werden ihm vielleicht nicht allzu oft begegnen, denn Geisteszustände können ziemlich unberechenbar sein; nichtsdestotrotz ist Konzentration potentiell immer da. Ein gewisser Grad an Konzentration ist tatsächlich stets vorhanden, auch dann, wenn Sie gerade abgelenkt sind! Wenn Sie diese Einstellung haben, ist es viel wahrscheinlicher, dass die Konzentration sich vertiefen wird.

Meditation ist so ähnlich wie Drachenfliegen, Segeln oder Surfen.

Man muss die Gelegenheiten nutzen, die von den Elementen der Meditation angeboten werden. Man muss auf den warmen Luftströmen gleiten, die Kraft des Windes nutzen, sich gekonnt in die Wellen werfen und wieder aus ihnen auftauchen. Damit das gelingen kann, muss man nach Wind und Wellen Ausschau halten. Anders gesagt: Seien Sie sich der positiven Möglichkeiten jener Zustände bewusst, die im Geist aufkommen. Seien Sie bereit, auf Ihre Geisteszustände »aufzuspringen«, sobald sie entstehen.

Freude und Genuss sind Beispiele dafür. Wenn Sie bemerken, dass Sie inmitten einer eher dumpfen und abgelenkten Geistesverfassung einen vielleicht ganz zarten, aber angenehmen Zustand inneren Friedens spüren können, dann sollten Sie diese Gefühlsempfindung weiter ermutigen: Während Sie sich auf das Objekt Ihrer Meditation konzentrieren, können sie diese Gefühlsempfindung weiterhin zulassen und sie dabei erleben und genießen. Achten Sie allerdings darauf, dass Sie von ihr nicht abgelenkt werden, indem Sie vielleicht eine schöne Phantasie daran »knüpfen«. Nutzen Sie sie einfach als Stütze der Konzentration. In Freude steckt eine strahlende Energie, und Sie können lernen, diese Energie in Ihre Übung zu lenken, statt die Aufmerksamkeit dadurch ablenken zu lassen.

Ähnliches gilt für Inspiration, jene tiefe Freude oder Begeisterung, die Sie als ein Ergebnis Ihrer Entwicklung durch Meditation fühlen können und die sich vielleicht sogar körperlich als Gänsehaut oder in einem Aufwallen starker Glücksgefühle bemerkbar macht. Auch dies können Sie fördern und als einen Aspekt der Konzentration aufgreifen. Eine andere Konzentrationshilfe liegt in der Vergegenwärtigung einer eher nüchternen, geduldigen Entschlossenheit: Ihres tiefen Wunsches, dass Sie meditieren und nicht abgelenkt sein wollen, dass Sie wachsen und sich entwickeln wollen. Eine solche Art der Motivation kann außerordentlich anspornen. Auch das Gefühl von Konzentration selbst kann eine solche Hilfe sein. Tiefere Sammlung und zunehmende Klarheit des Denkens haben ihre eigenen, besonderen Gefühlsqualitäten, die Sie zu erkennen und zu fördern lernen können.

Später werden wir diese Zusammenhänge noch genauer betrachten. Es ist sehr wichtig, solche Verbündete der Meditation kennen zu lernen. Sie müssen sie vorhersehen, sich ihrer Unterstützung versichern und ihren positiven Einfluss nutzen. Je mehr Sie sich auf diese Verbündeten stützen, desto weniger müssen Sie sich um die Meditationshindernisse sorgen.

Meditationshindernisse

Nur einer Sache Aufmerksamkeit zu schenken, wie man es in der Meditation versucht, ist nicht immer leicht. Oft gibt es einen halb bewussten Widerstand jener Seiten in uns, die in der Welt der gewöhnlichen Sinneserfahrung bleiben wollen und andere Dinge vorhaben. Man kann fünf Arten von Konzentrationshindernissen unterscheiden. Jeder Mensch erlebt sie alle irgendwann einmal. Wenn Sie die Hindernisse kennen, können Sie sie identifizieren, sobald sie auftreten – vielleicht sogar, bevor sie sich Ihres Geistes bemächtigen können.

Die fünf Hindernisse sind: (1) Begehren von Sinneseindrücken, (2) Abneigung, (3) Unruhe und Besorgtheit, (4) Trägheit und Stumpfheit, (5) Zweifel und Unschlüssigkeit.

Das Begehren von Sinneseindrücken ist die grundlegendste Ablenkung. Wir sind gerade nicht sonderlich an der Meditation interessiert, und deshalb wird unser Geist immer wieder in die Sinnenwelt gezogen. Wir haben noch nicht gelernt, wie wir in der Sammlung Freude finden können, und so sind wir zu nichts anderem in der Lage, als sie in angenehmen Sinneserfahrungen zu suchen. Wenn wir ein Geräusch hören, finden wir das so interessant, dass wir hinzuhören beginnen. Vielleicht öffnen wir auch die Augen und fangen an, all die wundervollen Farben und Formen der Tapete zu betrachten, oder wir streichen über unsere Glieder und genießen die damit einhergehenden Empfindungen. Wenn uns eine Idee kommt, sind wir davon fasziniert und wollen sie weiterverfolgen.[16] Wir haben vielleicht eine Menge angenehmer Gedanken über unsere Welt – über das, was wir heute Abend tun könnten, was wir essen könnten, oder über Ideen, von denen wir kürzlich gelesen haben. Alle diese Impulse sind an sich völlig natürlich – nur: Sie machen eine Sammlung unmöglich.

Abneigung ist eine Variante des vorangehenden Hindernisses.

Diesmal ist unser Interesse in einer unangenehmen Erfahrung gefangen. Wir haben uns über irgendetwas oder jemanden geärgert, und wir können einfach nicht davon ablassen. Wir hören nicht auf, darüber nachzudenken, wie schlimm wir behandelt wurden und was wir nun sagen oder tun wollen, um die Rechnung zu begleichen. Vielleicht regen wir uns auch über irgendein Geräusch von draußen oder einen Geruch so sehr auf, dass wir nicht aufhören können, daran zu denken. Eine Idee oder Meinung hatte vielleicht einen bitteren Beigeschmack, und nun glauben wir, all ihre Mängel bis ins Kleinste analysieren zu müssen. Solange das alles anhält, ist es ausgeschlossen, unseren Geist auf etwas anderes zu konzentrieren.

Unruhe und Besorgtheit geben uns keinen Frieden – wir können nicht zur Ruhe kommen und den Geist sammeln. Wir müssen unser Tempo drosseln. Wir sind »überdreht« und zu hastig. Entweder ist der Körper ruhelos und zappelig, oder der Geist ist voller Sorgen – vielleicht auch beides zugleich! Ein unruhiger Körper und Geist können die Folge unzureichender Vorbereitung sein. Eventuell haben wir uns nach einer anregenden Tätigkeit zu schnell zur Meditation hingesetzt; oder wir haben gerade sehr viel im Kopf; es mag auch sein, dass etwas unser Gewissen quält. Wenn wir mit diesen Umständen geduldig umgehen können, wird die Meditationsübung selbst solche Konflikte schließlich auflösen.

Trägheit und Stumpfheit sind das Konzentrationshindernis eines schwerfälligen, dumpfen Geistes. Wir fühlen uns müde, und der Körper ist schwer. Da ist eine Leere im Geist (das ist Stumpfheit) und eine Schwere im Körper (Trägheit). Manchmal kann die körperliche Trägheit so überwältigend sein, dass der Kopf vornüber nickt oder wir zu schnarchen anfangen! Die Gründe für dieses Hindernis können schlicht in physischer oder geistiger Müdigkeit liegen; es mag auch sein, dass unsere Verdauung noch mit der Last der letzten Mahlzeit kämpft. Manchmal scheinen jedoch psychologische Faktoren eine Rolle zu spielen – vielleicht wird der Widerstand von nicht zugelassenen Emotionen ausgelöst. Er kann aber auch eine Folge des eben erwähnten Hindernisses sein: Rastlose Geistesaktivität hat zu Erschöpfung geführt. Zuweilen schwanken wir, in der Meditation wie auch außerhalb, zwischen Unruhe und Trägheit hin und her.

Wenn das passiert, ist es offensichtlich, dass wir ein neues Gleichgewicht finden müssen.

»Kann ich mit all meinen Problemen jemals hoffen, mit Meditation weiterzukommen – besonders mit dieser Meditation? Taugt diese Art von Meditation überhaupt etwas? Kann sie mir tatsächlich helfen? Hat dieser Lehrer überhaupt Ahnung? Weiß er wirklich, wovon er spricht? Und wie sollte ich das beurteilen können?«

Dies alles sind Zweifel – und es ist auch Unschlüssigkeit, da wir in diesem Geisteszustand zu keinem Schluss kommen und unsere Konzentration nicht vertiefen können. Wir machen Ausflüchte, »halten uns alle Hintertüren offen« – und am Ende verlieren wir jede Motivation. Zweifel in diesem Sinn ist ein sehr ernsthaftes Hindernis für Meditation.

Aufrichtige Zweifel, die Sie bestimmt im Hinblick auf Meditation und deren Wirkungen haben werden, sind nichts Schlechtes. Sie werden zwangsläufig ein gewisses Maß an Unsicherheit spüren; manche Dinge lassen sich eben nur durch Erfahrung herausfinden. Bis zu einem gewissen Grad müssen Sie auf das, was man Ihnen erzählt, erst einmal vertrauen und durch eigenes Ausprobieren herausfinden, was daran wahr ist. Das kann aber nur gelingen, wenn Sie sich wirklich auf das Experiment einlassen. Eine zweifelnde, überskeptische Geisteshaltung wurzelt oft in Selbstzweifel oder in Rationalisierungen von Selbstzweifeln. Ohne ein gewisses Vertrauen, dass Sie – wenigstens auf lange Sicht – dazu fähig sein werden, können Sie sich kaum konzentrieren.

Ausgewogene Bemühung in der Meditation

Die fünf Hindernisse sind eine nützliche Kontrollliste, um die Qualität von Meditationssitzungen zu beurteilen. Wenn Sie nicht völlig konzentriert sind, ist mit Sicherheit mindestens eines der Hindernisse vorhanden. Ausschlaggebend ist nun, dass Sie dieses Hindernis als solches erkennen, denn erst dann können Sie etwas dagegen tun.

Sehr oft verringert bereits das bloße Erkennen des Hindernisses seinen Einfluss, da man sich damit direkt daran erinnert, dass Sammlung das Ziel der Meditation ist. Manchmal neigt man allerdings auch dazu, dieser Erkenntnis auszuweichen. Die Hindernisse der meisten Menschen sind mit einer Art »eingebauter Selbstverstärkung« versehen. Der Trägheit und Stumpfheit kann es beispielsweise gelingen, sich völlig von unserer Wahrnehmung abzuschotten. Das ist so ähnlich, wie wenn man morgens nicht aufstehen will: Zuerst will der Geist einfach nichts davon wissen, um danach »gute Gründe« zu finden, wenigstens noch ein paar Minuten liegen zu bleiben. Wenn wir von Abneigung beherrscht werden, wollen wir wahrscheinlich gar nicht aufhören, zu nörgeln und die schmerzlichen, unangenehmen Dinge, die uns angetan worden sind, im Geiste dauernd zu wiederholen. Und unsere Zweifel bestätigen nur ihre eigenen Voraussagen: »Ich kann nicht.« – »Da! Ich wusste ja, dass ich das nicht kann!«

Es ist also nötig, klar zu erkennen, dass man es mit einem Konzentrationshindernis zu tun hat. Viele »Tricks und Tipps« können helfen, wieder in die Meditation hineinzufinden. Dazu gehört auch die schon erwähnte Methode, nach den positiven Merkmalen von Konzentration Ausschau zu halten (s. S. 99ff). Einzelheiten dazu finden Sie im zweiten Band; hier soll es zunächst nur um die Grundprinzipien gehen.

Prinzipien des Umgangs mit den Hindernissen

Das erste Prinzip besteht darin zu erkennen, dass das Hindernis tatsächlich da ist. Es hat keinen Zweck, unbeirrt weiterzumeditieren und zu versuchen, das Hindernis zu ignorieren, oder zu hoffen, dass es von alleine verschwindet. Ein solches Vorgehen würde nur zu Kopfschmerzen oder zu Trägheit und Stumpfheit führen. Sie müssen die Verantwortung für das Hindernis übernehmen. Akzeptieren Sie, dass dies zurzeit Ihr Hindernis ist und dass Sie etwas dagegen tun müssen. Beim Meditieren ist es wichtig, jeden Geisteszustand zu erkennen, sobald er auftritt.

Für manche Menschen sind Schuldgefühle ein Problem. Sie möchten nicht wahrhaben, dass auch sie Emotionen wie Hass oder eine geradezu animalische Begierde nach Essen oder Sex erleben können. Wenn ihre Meditationserfahrung sie aber zu der Einsicht zwingt, dass dem tatsächlich so ist, fühlen sie sich vielleicht schlechter, als es angebracht wäre. Eine solche Haltung ist nicht nur übertrieben und unrealistisch, sie blockiert auch die Möglichkeit, Fortschritte zu machen. Gerade in der Meditation ist es wichtig, ein positives Selbstbild zu kultivieren und auf sein spirituelles Potenzial zu vertrauen. Das zu tun verlangt vielleicht einiges Nachdenken von Ihnen. Da Sie aber über die Fähigkeit verfügen, das Leben zu verstehen und Ihre Handlungen – wenigstens potenziell – frei zu wählen, wie könnte es da einen echten Zweifel daran geben, dass auch Sie bei angemessener Bemühung spirituellen Fortschritt machen werden?

Fortschritt ist immer nur möglich, wenn wir die nötige Grundlage dafür geschaffen haben. Wenn Sie den Geist konzentrieren wollen, müssen Sie ein allgemeines Gewahrsein für sich selbst entwickeln, bevor Sie ein spezielles, intensiveres Gewahrsein für das Meditationsobjekt erzeugen können. Wenn Sie dann die einspitzige Konzentration verlieren, können Sie sie wiederherstellen, indem Sie die Verbindung zu einer allgemeineren Achtsamkeit auf Körper, Gefühlsempfindungen, Emotionen und Gedanken wiederaufnehmen.

Man kann auf verschiedene Weise gegen die Hindernisse angehen.

Die erste Methode besteht darin, dass Sie die Folgen erwägen, die eintreten werden, wenn Sie dem Hindernis erlauben, unkontrolliert zu wachsen. »Was wird geschehen, wenn ich einfach nichts gegen meinen Hang zu Ablenkung, Hass oder Zweifel unternehme? – Er wird natürlich stärker werden; mein Charakter wird immer mehr von ihm geprägt.« Wenn Sie darüber nachdenken, wird Ihnen die Wichtigkeit Ihres Tuns wieder klar werden, und der Geist sammelt sich williger.

Zweitens können Sie das Gegenteil entwickeln. Wenn Zweifel auftauchen, stärken Sie Ihr Vertrauen. Sind Sie träge und stumpf, entwickeln Sie Energie. Bei Unruhe kultivieren Sie Zufriedenheit und Stille. Ist der Geist verspannt, dann entspannen Sie ihn; ist er zu schlaff, schärfen Sie ihn. Mit anderen Worten: Immer wenn ein negativer Geisteszustand den Weg zu tieferer Konzentration versperrt, versucht man, eine positive Eigenschaft zu kultivieren, die ihn überwindet oder neutralisiert.

Ein drittes Gegenmittel ist die »Blauer-Himmel«-Perspektive. Manchmal wird ein Geisteszustand umso stärker, je mehr man gegen ihn ankämpft. Wenn die ersten beiden Wege nicht funktionieren, versuchen Sie es mit der »Blauer-Himmel«-Perspektive. Der Geist ist wie der klare, blaue Himmel, die Hindernisse sind wie die Wolken. Bei dieser Arbeitsweise akzeptieren Sie die Tatsache, dass das Hindernis »hereingekommen« ist, und beobachten es einfach. Sie sehen zu, was sich in Ihrem Geist abspielt: Sie beobachten die Phantasien, die Sorgen, die Bilder. Sie betrachten einfach alles, was erscheint. Sie sehen genau hin, aber Sie mischen sich nicht ein. Einmischung würde das Hindernis nur nähren. Wenn Sie geduldig beobachten, ohne sich in das Hindernis zu verwickeln, wird es schließlich seine Kraft verlieren und sich auflösen.

Viertens kann man das Hindernis unterdrücken. Dies ist fast schon der letzte Ausweg: Sie sagen einfach »nein« zum Hindernis und schieben es fort. Diese Methode ist besonders wirksam, wenn das Hindernis schwach ist und Sie fest davon überzeugt sind, dass es töricht wäre, ihm Raum zu geben. Ist das Hindernis dagegen sehr stark oder mit einem emotionalen Konflikt verbunden, dann kann es sein, dass der Einsatz dieser Methode störende Nebenwirkungen erzeugt. Spannungen, Gefühlsarmut und geistige Dumpfheit sind gewöhnlich Ergebnisse einer zu forcierten Herangehensweise. Die Faustregel ist deshalb, die Methode des Unterdrückens nur bei schwachen Hindernissen anzuwenden. Wenn Ihr Geisteszustand positiv und klar ist, können Sie ein solches Hindernis ziemlich leicht beiseite schieben.

Die fünfte Methode ist Zufluchtnahme.[17] Manchmal gelingt es einfach nicht, mit dem Hindernis fertig zu werden; man verbringt die ganze Zeit oder große Teile einer Meditation mit Ablenkungen. Wenn das passiert, ist es wichtig, nicht den Mut zu verlieren. Man sollte diese einzelne Übungsphase vor dem Hintergrund seiner gesamten Entwicklung betrachten. In jedem Menschen gibt es starke unbewusste Tendenzen, und manchmal geht es nicht ohne einen gewissen Kampf ab. Vielleicht müssen Sie sich ausdrücklich daran erinnern, dass Sie Ihr Bestes gegeben und sich wirklich angestrengt haben. Wenn Sie auch die Früchte Ihres Einsatzes in dieser Meditation noch nicht genießen konnten, führt er doch mit Sicherheit letztlich zu positiven Wirkungen. Zuflucht zu nehmen ist allerdings weniger eine Methode, um gegen die Hindernisse anzugehen, als eine

Haltung, die man außerhalb der Meditationssitzung einnimmt. Man muss seine Entschlossenheit zur Übung neu bekräftigen. In den Worten der buddhistischen Überlieferung heißt das: Sie »nehmen Zuflucht« zur Entwicklung höherer menschlicher Qualitäten mit dem Ziel der Erleuchtung, die durch den Buddha symbolisiert wird, zu seiner Lehre, dem Dharma, und zu all jenen, die diese Lehre üben, der Sangha.

Bemühen Sie sich bei alledem auf ausgewogene Weise! Beschreiten Sie den mittleren Weg zwischen zu großer und zu geringer Anstrengung. Wenn Sie allzu lässig oder faul sind und sich nicht besonders um Konzentration bemühen oder wenn Sie positive Eigenschaften nicht unterstützen und sich nicht darum kümmern, die Hindernisse zu vermeiden, werden Sie leicht in einer verschwommenen, ungerichteten Geistesverfassung umhertreiben. Das ist das eine Extrem. Wenn Sie sich aber zu sehr zwingen, werden Sie eher steif und unflexibel. Später wird dann wahrscheinlich eine Gegenreaktion eintreten: Ein zu starker Willenseinsatz kann zu Dumpfheit oder Kopfschmerzen führen. Einen mittleren Weg zwischen diesen beiden Extremen finden Sie, indem Sie dafür sorgen, dass es gerade genug Anspannung und genau das richtige Maß an Entspannung gibt. Manchmal, wenn der Geist sich hart und verkrampft anfühlt, ist es nötig, die Aufmerksamkeit zu entspannen; ist der Geist dagegen zu unklar und wirr, dann müssen Sie die Aufmerksamkeit wieder schärfen.

Haben Sie einmal diese Hindernisse hinter sich gelassen und einen gleichmäßigen Strom ausgewogener Konzentration erreicht, dann werden Sie besonders entspannt und zugleich auf besondere Weise voller Energie sein. Wenn diese beiden Aspekte – eine leuchtende, freudige Energie und eine tiefe Ruhe – zusammen auftauchen, treten Sie in den Zustand der Vertiefung ein. Dies ist eine Bewusstseinsverfassung, die man in der buddhistischen Tradition *dhyana* (Sanskrit, auf Pali *jhana*) nennt. Im zweiten Band werden wir die verschiedenen Stufen von Dhyana genauer erforschen.

Einige verheißungsvolle Zeichen

Wer solche guten Dinge meistert,
An allen Orten lebt er unbesiegt,
Geht, wo er will, in Sicherheit –
Besitzt das glücklichste von allen Zeichen.

DER BUDDHA[18]

Wenn Sie regelmäßig meditieren, werden Sie bald erste Früchte Ihrer Übung sehen. Wahrscheinlich bemerken Sie während der Meditation selbst gewisse Anzeichen des Fortschritts. Sie fühlen sich vielleicht auf eine Weise glücklich und ruhig, die Sie nicht erklären können. Manchmal treten ekstatische Empfindungen von Glückseligkeit auf. Auch außerhalb der Meditation werden Sie sich wohler fühlen und bemerken, dass Ihr Leben glatter verläuft und mehr »in Ihrer eigenen Hand« zu liegen scheint. Wahrscheinlich können Sie auch feststellen, dass Ihre Gedanken und Ideen klarer sind und Ihre ganze Einstellung offener und kreativer ist. Auch Ihre Träume sind nun vielleicht ungewöhnlich lebendig und farbig. Das alles sind typische Auswirkungen von Meditation.

Ihr Fortschritt kann sich auch auf eine weniger deutliche Weise zeigen. Vielleicht bemerken Sie bloß, dass irgendetwas anders zu sein scheint oder dass etwas nicht Definierbares geschieht. Eventuell wird Ihnen das erst am Verhalten anderer Menschen bewusst – es kann sein, dass andere mehr als früher auf Sie zugehen. Vielleicht spüren sie, dass Sie innerlich freier und zufriedener sind.

Diese inneren Veränderungen können Sie aber auch vor manch eine Herausforderung stellen. Meditation kann eine Fülle lebhafter, neuer Gefühlsempfindungen und Emotionen aufwühlen. Vielleicht wissen Sie nicht so recht, wie Sie damit umgehen sollen. Sie fangen an, Ihr eigenes Leben möglicherweise ganz anders zu sehen, und möchten es vielleicht tief greifend verändern. Solche Erfahrungen sollten Ihnen willkommen sein; sie zeigen Ihnen, dass Sie begonnen haben, einige Ihrer grundlegenden psychischen Begrenzungen zu durchbrechen. Allerdings ist es wichtig, dass Sie verstehen, was vor sich geht. Meditation kann das Leben eines Menschen wirklich verändern, und man muss diesen Veränderungsprozess bereitwillig und aktiv unterstützen – wenn es das ist, was man wünscht. Wenn man sich nicht wirklich verändern will, sondern möglicherweise nur etwas sucht, das einem hilft, nach der Arbeit zu entspannen, richtet Meditation dennoch keinen Schaden an. Sie sollten aber wissen, dass die Meditation, die Sie üben, letztlich auf eine spirituelle Wandlung zielt und dass ihre Wirkung sehr tief geht.

Einige Erfahrungen

Ein Buch über Meditation kann nützlich sein, aber es kann einen Lehrer/eine Lehrerin nicht ersetzen. So betrachtet scheint es ein bisschen gewagt, über die vielfältigen Erfahrungen zu schreiben, die auftreten können, wenn man regelmäßig meditiert. So etwas ist so ähnlich, wie ein medizinisches Lehrbuch durchzublättern: Sie finden darin ein paar wohl vertraute Symptome und ziehen vielleicht ganz voreilige Schlüsse daraus. Wenn Sie in Ihrer Übung auf etwas treffen, das Sie nicht ganz verstehen – und das wird früher oder später bestimmt passieren –, ist es das Beste, jemanden um Rat zu fragen, der erfahrener ist als Sie.

Gleichwohl haben Bücher wie dieses ihren Wert. Denken Sie einfach beim Lesen daran, dass jeder Mensch anders ist und dass verallgemeinernde Aussagen auch nur ganz allgemein gelten.

Was bedeutet es zum Beispiel, wenn Sie in der Meditation wunderschöne Farben, phantastische Muster, Stimmen oder andere Geräusche wahrnehmen? Der allgemeine Begriff für solche Erfahrungen (die besonders bei Neulingen weit verbreitet sind) ist *samapatti*[19]. Derartige Erlebnisse werden den meisten sicherlich mysteriös und aufregend vorkommen. Dennoch sind sie nicht weiter wichtig. Dabei geschieht ungefähr Folgendes: Sie erreichen einen ziemlich hohen Grad an Konzentration, so dass Sie sich des Körpers und der Sinneseindrücke nicht länger bewusst sind. Es scheint nun, als würden die Sinne weiter darauf bestehen, aktiv zu sein, obwohl sie doch faktisch von der physischen Welt getrennt sind. Dadurch erleben Sie eigenartige Verzerrungen des Sehens, Hörens, Riechens, Fühlens oder Schmeckens, weil Ihre Sinnesorgane, ihrer gewohnten Funktionen in der Welt beraubt, hin- und herwirbeln. Da es viele Arten von Sinneseindrücken gibt, trifft man auch auf eine große Vielfalt solcher Samapatti-Erfahrungen. Das kann sich so anfühlen, als sei der Körper riesengroß geworden – wie ein Haus, ein Berg oder sogar eine Galaxie. Oder Sie fühlen sich winzig, mikroskopisch klein. Sie können sich wie auf den Kopf gestellt vorkommen oder als schauten Sie nun in die entgegengesetzte Richtung. Vielleicht erleben Sie auch ganz unbeschreibliche physische Sinneseindrücke. So seltsam all diese Erfahrungen sein mögen, sie sind meistens zugleich angenehm.

Eine Samapatti-Erfahrung ist im Allgemeinen ein gutes Zeichen. Sie zeigt zumindest, dass Ihre Konzentration nun von Sinneseindrücken unabhängig ist. Es kann aber ebenso gut sein, dass Sie auf dieser Stufe überhaupt keine Samapattis erleben. Irgendwann, wenn Sie in eine ausgeglichenere Phase der Konzentration eintreten, verschwinden diese Zeichen.

Es ist für Neulinge auf dem Gebiet der Meditation ganz natürlich, bei solchen Erfahrungen aufgeregt zu werden und zu glauben, sie stünden an der Schwelle zu einer erstaunlichen spirituellen Einsicht. Vielleicht ist dies Erleuchtung! Tatsächlich aber erleben sie nur eine ganz normale Stufe von Konzentration. Nehmen Sie also die Erfahrung als solche zur Kenntnis, und genießen Sie sie, während Sie fortfahren, sich auf das Meditationsobjekt zu konzentrieren. Das Auftreten von Samapattis ist abhängig vom Temperament – viele Menschen erleben sie nie. Außer dass sie das Erreichen eines bestimmten Konzentrationsgrades anzeigen, sind sie kein Hinweis auf besondere spirituelle Fortschritte. Versuchen Sie sie also weder zu verstärken noch zu verhindern.

Einige Schwierigkeiten

Manchmal lässt das Interesse an Meditation nach – selbst wenn die Übung im Grunde erfolgreich scheint. Nehmen wir einmal an, dass Sie bei der Vergegenwärtigung des Atems ziemlich konzentriert sind. Sie schaffen es jedes Mal, von eins bis zehn zu zählen, und auch in den späteren Phasen verlieren Sie nie den Kontakt mit dem Atem. Dennoch genießen Sie die Übung nicht wirklich, Sie finden sie nicht besonders inspirierend. Im Gegenteil: Mittlerweile finden Sie diese Meditation sogar ziemlich langweilig. Sie üben immer verbissener, und trotzdem scheint nichts zu passieren. Weil Sie wirklich meditieren und vorankommen wollen, sind Sie traurig und zugleich verärgert. Das Ganze wird allmählich zu einer lästigen Pflicht.

Schwierigkeiten dieser Art können auftreten, wenn Sie sich darauf beschränken, Ihre Übung als Konzentrationstechnik anzugehen, und sie zum bloßen Training, »beim Atem zu bleiben«, gemacht haben. Vielleicht hat das alles auch gar nichts mit der Vergegenwärtigung des Atems zu tun. Ihr Herangehen an die Meditation ist vielleicht ganz allgemein etwas kalt und lustlos geworden. Es geht Ihnen mehr darum, etwas zu erreichen, als sich auf den Prozess selbst, in seiner Veränderung von einem Moment zum nächsten, einzulassen. An diesem Punkt müssen Sie die emotionalen Aspekte von Konzentration wieder neu schätzen lernen und sich selbst mit mehr Gefühl in die Konzentration hineinbegeben. Dabei kann es helfen, die Metta-Bhavana zu üben. Vielleicht brauchen Sie auch eine längere Meditationszeit oder jemanden, mit dem Sie über Ihre Meditation sprechen können. Was Sie auch ändern – Ihnen mangelt es an Inspiration, und irgendwie müssen Sie sich von neuem begeistern.

Eine andere Schwierigkeit kommt manchmal auf, wenn man das Meditationsobjekt so betrachtet, als sei man selbst ein unbeteiligter Beobachter. Damit distanziert man sich vom Geschehen der Meditation. Anstelle des Objekts selbst (zum Beispiel der taktilen Empfindungen beim Atmen) erfährt man nur einen Gedanken darüber. Man befindet sich in einer Sackgasse – ein klarer Fall, in dem die »Entwicklung des Gegenteils« angebracht ist. Es geht darum, sich auf das Erleben des Atems zu konzentrieren und nicht etwa auf die Gedanken darüber. Vielleicht haben Sie damit eine tief sitzende Neigung in sich entdeckt. Überprüfen Sie, ob dasselbe auch außerhalb der Meditation vorkommt. Möglicherweise neigen Sie generell dazu, Ihr Erleben durch Gedanken zu filtern. Am Denken selbst ist natürlich nichts Falsches, doch in diesem Fall scheinen die Gedanken andere Aspekte Ihrer Erfahrung zu verdecken. Hier müssen Sie deshalb ein deutlicheres Gewahrsein der grundlegenden Aspekte entwickeln – der Körperempfindungen, Gefühlsempfindungen und Emotionen. Bleiben Sie nicht in Ihrem Kopf! Ein paar Körperübungen können helfen, das nötige Gleichgewicht wiederzugewinnen. Mehr Kontakt mit anderen Menschen und die Übung der Metta-Bhavana sind wahrscheinlich auch nützlich.

Anfängergeist

Niemals erklimmt ein Mensch so große Höhen,
wie wenn er nicht weiß, wohin es geht.
OLIVER CROMWELL

In diesem Kapitel ging es um Fragen der Praxis. Beim Versuch, das Handwerkszeug der Meditation zu beschreiben, kann man sich leicht in Techniken verlieren und darüber vergessen, in welchem Geist Meditation geübt werden soll. So wichtig es ist, sich klar zu machen, was Sie in der Übung zu erreichen versuchen, so sehr wird es Ihnen helfen, wenn Sie zugleich Ihren »Anfängergeist« bewahren. Neulinge auf dem Gebiet der Meditation zeigen oft eine Haltung von Offenheit und Vertrauen, die sie befähigt, sehr schnell voranzukommen. Sie haben keine Vorannahmen über das, was sie wahrscheinlich durch Meditation erlangen werden. Auch in der Herangehensweise von fortgeschrittenen Meditierenden muss es diese Frische geben – wir alle müssen jederzeit fähig bleiben, etwas ganz und gar Neues zu erfahren.

Wenn euer Geist leer ist, so ist er stets für alles bereit;
er ist offen für alles.
Im Anfängergeist gibt es viele Möglichkeiten,
im Geist des Experten nur wenige.

… Wenn wir nicht daran denken, etwas zu erreichen …,
sind wir wahre Anfänger.
Dann können wir wirklich etwas lernen.
SUZUKI ROSHI[20]

Wie man in der Meditation arbeitet

Wenn Sie einmal regelmäßig meditieren, wird es wichtig, Ihre Praxis weiterzuentwickeln und zu vertiefen. Regelmäßige Übung kann man damit vergleichen, eine Pflanze zu hegen. Man kann sie zwar allein lassen, muss sich aber regelmäßig um sie kümmern, damit sie wächst und gedeiht. Möglicherweise muss man sie auch hin und wieder kräftig zurückschneiden, von Unkraut befreien oder sogar umtopfen.

Wenn Sie kreativ und systematisch in der Meditation arbeiten, werden Sie voller Interesse dabeibleiben. Die anfängliche Begeisterung mag sich zwar beruhigen, doch Ihre Meditation gewinnt eine eigene Richtung und innere Lebendigkeit, ohne zur Pflichtübung zu werden.

Aktivität und Passivität

Vielleicht denken Sie bei dem Wort »arbeiten« eher an harte, verbissene Anstrengung. Es ist aber besser, Meditation als eine kreative Tätigkeit anzusehen, der man sich mit Freude hingibt. Gleichwohl bedarf es doch einer gezielten Bemühung, denn man befasst sich ganz direkt mit seinen eigenen festen, gewohnheitsmäßigen Neigungen. Wenn Sie Ihre Meditation – wie manche es tun – lediglich als Entspannung betrachten, laufen Sie Gefahr, diese Gewohnheiten einfach zu verstärken. Manche Menschen reden von Meditation, als sei sie etwas Passives. Es stimmt zwar, dass man durch Meditation offener und feinfühliger werden will, nur ist Empfänglichkeit keine passive Haltung, sondern etwas, das man sehr bewusst entwickelt.

Beim Meditieren versucht man, Aktivität und Empfänglichkeit in einem Strom achtsamen Handelns zu vereinigen. Einerseits ist man empfänglich für die sich wandelnden Geisteszustände, andererseits antwortet man darauf, indem man positive Faktoren zur Vertiefung der Konzentration entfaltet und den Hindernissen entgegenwirkt.

Eine Methode der Vorbereitung

Es gibt eine Methode für den Meditationsbeginn, die hilft, sich an ein kreatives Herangehen zu gewöhnen. Sie besteht aus fünf Schritten, die man am Anfang jeder Meditation durchläuft. (Jeder Schritt steht für ein Prinzip, welches für das Meditieren ganz allgemein gilt.)

Diese fünf Schritte sind: (1) Sitzhaltung, (2) Prüfen der Geistesverfassung, (3) Intention, (4) Enthusiasmus und (5) Leistungswille. Im Folgenden verschaffen wir uns erst einen kurzen Überblick und kommen dann zu den Einzelheiten.

(1) Die Meditation beginnt mit dem Aufbau der Sitzhaltung.

(2) Nachdem Sie des Körpers gewahr geworden sind, prüfen Sie Ihre Geistesverfassung. Mit anderen Worten: Sie spüren und registrieren, was gerade in Ihnen vorgeht.

(3) Nur wenn Sie Ihren Geisteszustand kennen, können Sie die richtige Vorgehensweise für die folgende Meditationssitzung wählen. Diese Vorgehensweise oder Strategie bezeichnen wir hier als Intention.

(4) Zu wissen, welche Strategie Sie einschlagen, genügt nicht. Sie benötigen auch Motivation und Begeisterung. Diese emotionale Seite Ihrer Intention nennen wir Enthusiasmus.

(5) Leistungswille oder Entschlossenheit vereinigt alle vorangegangenen Elemente und noch mehr in sich. Nur wenn Sie die ersten vier Faktoren berücksichtigt haben – das körperliche und geistige Gewahrsein Ihrer selbst (das heißt Sitzhaltung und Geistesverfassung) sowie eine bewusste und durch ausreichende Motivation gestützte Marschrichtung (das heißt Intention und Enthusiasmus) –, können Sie wirklich zu meditieren beginnen. Das Gewahrsein Ihrer selbst und die Ausrichtung Ihres Handelns, das heißt die empfänglichen und die aktiven Elemente, richten sich gemeinsam in dem ungeteilten Prozess, den wir »Leistungswillen« nennen, auf das Meditationsobjekt. Die Verknüpfung all dieser Faktoren mündet in Ihren Entschluss, sich voll und ganz auf die Übung einzulassen.

Diese Schrittfolge können Sie als Basis für Ihre Meditationssitzungen benutzen. Gleich zu Beginn werden Sie damit an die wichtigsten Prinzipien der Arbeit in der Meditation erinnert, indem Sie die Schritte Sitzhaltung, Prüfen der Geistesverfassung, Intention, Enthusiasmus und Leistungswillen durchlaufen. Haben Sie erst einmal alle Faktoren im Gewahrsein verankert, dann wird es Ihnen während der Meditation leichter fallen, sich an sie zu erinnern.

Sie können sich die fünf Prinzipien leicht merken, indem Sie das aus ihren Anfangsbuchstaben gebildete Wort »SPIEL« als Gedächtnisstütze benutzen. Diese Methode ist eine gute allgemeine Einführung in die innere Arbeit der Meditation. Sobald sie in Fleisch und Blut übergegangen ist, werden Sie sie eher unbewusst anwenden.

Ein Vergleich mit dem Autofahren bietet sich an: Der Fahrlehrer besteht darauf, dass wir das Lenkrad auf eine bestimmte Weise halten und sehr bewusst in den Rückspiegel sehen, bevor wir den Blinker betätigen. Zuerst müssen wir die verschiedenen Schritte der Fahrtechnik geradezu buchstäblich ausführen, aber nachdem wir mit etwas Erfahrung einen eigenen Fahrstil gefunden haben, müssen wir uns nicht mehr an formale Anweisungen halten. Sie haben ihren Zweck erfüllt und im Unterbewusstsein eine komplexe Abfolge routinierten Verhaltens eingepflanzt, so dass unser Körper nun selbst »weiß«, wie man sicher fährt.

S	Sitzhaltung	Die Körperhaltung erlaubt einen freien Energiefluss	auf empfängliche Art erleben
P	Prüfen der Geistesverfassung	Gewahrsein des vorhandenen Geisteszustands	
I	Intention	Strategie für die Meditationssitzung	aktiv antworten
E	Enthusiasmus	Begeisterung wecken	
L	Leistungswille	Zusammenbringen aller Faktoren: fester Entschluss und entschiedener Einsatz	

Mit SPIEL ist es wie mit dem Autofahren. Die zunächst erforderliche Disziplin, die einzelnen Schritte in der Praxis zu erkennen und anzuwenden, wird sich schließlich in ein intuitives »Gespür« für eine wirksame Herangehensweise an die Meditation verwandeln.

Im Folgenden werden die einzelnen Schritte von SPIEL genauer beschrieben.

Sitzhaltung

Zuerst wählen Sie die bestmögliche Sitzhaltung. Die Hinweise im Kapitel »Die Meditationshaltung« (S. 49 ff.) helfen Ihnen, eine Haltung einzunehmen, in der Sie wach und lebendig sind und sich sammeln können. Manchmal ist es nützlich, seiner Haltung während der ersten zehn Minuten oder auch länger größere Aufmerksamkeit zu schenken, indem man das innere Gleichgewicht des Körpers prüft und Spannungen abfließen lässt.

Man kann das Haltungsbewusstsein auch als eigenständige Methode nehmen, um in der Meditation zu arbeiten. Einige buddhistische Schulen wie Zen betonen das korrekte Sitzen ganz besonders. Wie wir bald sehen werden, ist es für die Entwicklung höherer Bewusstseinszustände oft wichtig, feiner körperlicher Energien gewahr zu sein.

In einem eher anfänglichen Stadium ist das Haltungsbewusstsein auch ein brauchbares Gegenmittel bei bestimmten Hindernissen. Im letzten Kapitel haben wir schon gesehen, wie es speziell gegen Trägheit und Stumpfheit wirkt. Gutes Sitzen führt zu einer gewissen körperlichen Belebung. Die wirksamste Maßnahme gegen Schläfrigkeit kann darin bestehen, sich während der ganzen Meditation auf eine gute Haltung zu konzentrieren. Auch dem entgegengesetzten Hindernis, Unruhe und Besorgtheit, kann man mit stärkerem Haltungsgewahrsein begegnen. Die Konzentration auf den Körper – einen Teil von sich selbst, der wenigstens relativ stabil ist – wirkt beruhigend oder »erdend«.

Machen Sie es sich zur Gewohnheit, regelmäßig zu prüfen, ob Ihre Körperhaltung weiterhin Ihre Übung unterstützt. Sie sollten weder mit einem Rundrücken noch mit einem Hohlkreuz dasitzen, sondern symmetrisch, entspannt und mit frei fließender Energie. Im Folgenden werden wir dazu weitere Einzelheiten besprechen.

Prüfen der Geistesverfassung

Die Geistesverfassung zu prüfen bedeutet, aufmerksam wahrzunehmen und sich ein Bild davon zu machen, was im Geist vor sich geht. Es ist wichtig zu bemerken, wann man abgelenkt ist, und zu wissen, worin die Ablenkungen im Einzelnen bestehen. Wer das Geschehen nicht wachsam prüft, kann auch nicht beurteilen, was er tun muss.

Den Geisteszustand zu prüfen ist eine Kunst, die einiger Übung bedarf. Es ist etwas anderes als eine Analyse oder ein distanziertes Beobachten Ihrer Erfahrung. Sie brauchen dazu Intuition und klare Urteilskraft – wobei eine theoretische Kenntnis der Meditationsprinzipien nützlich sein wird. Wenn Sie Ihre Erfahrung in Worte fassen, können Sie leichter begreifen, was in Ihnen vor sich geht.

Sie können diese Innenschau sowohl auf eher rezeptive als auch auf eher aktive Art durchführen. Sie sind empfänglich oder rezeptiv, indem Sie einfach offen für Ihre Erfahrung sind und allem, was gerade da ist, erlauben, sich mitzuteilen. Sie sind aktiv, indem Sie sich selbst befragen und prüfen – vielleicht halten Sie dabei nach den Konzentrationshindernissen oder nach latenten Dhyana-Faktoren Ausschau.

Worauf Sie im Einzelnen achten müssen, hängt von Ihrem Temperament, Ihrer Erfahrung und davon ab, was gerade geschieht. Vielleicht prüfen Sie, ob Trägheit oder Unruhe gegenwärtig sind, ob Ihre Gedanken gerichtet sind oder abschweifen. Die entscheidende Frage ist: »Was passiert gerade?«

Wenn Sie sich diese Bestandsaufnahme zur festen Gewohnheit gemacht haben, ermöglicht sie Ihnen einen schnellen Überblick über Ihren jeweiligen Geisteszustand. Um sich entfalten zu können, braucht eine solche Fähigkeit wohl einige Zeit. Ob Sie auf diese Prüfung jeweils viel oder wenig Zeit verwenden müssen, hängt von der Stärke Ihres Selbst-Gewahrseins und der allgemeinen inneren Dynamik Ihrer Übung ab. Vielleicht können Sie sich am Anfang einer Sitzung nur ein vages, verschwommenes Bild von Ihrem Geisteszustand machen. Dann wird es ratsam sein, mehr Zeit auf die Innenschau zu verwenden. Mit zunehmender Erfahrung werden Sie aber merken, dass Sie nicht mehr so ausführlich sein müssen: Schon eine kurze Bemühung um Selbst-Gewahrsein setzt dann einen Prozess in Gang, der im weiteren Verlauf zu einer immer schärferen Wahrnehmung führt.

Es ist jedoch wichtig, dass Sie diese anfängliche Mühe auf sich nehmen. Geisteszustände können sich rasch ändern, und Sie müssen sie im Laufe einer Sitzung wiederholt überprüfen. Anfangs kommt Ihnen das vielleicht etwas künstlich vor. Solange Sie noch nicht daran gewöhnt sind, fühlt sich die Prüfung des Geisteszustands wahrscheinlich so an, als behindere sie Ihre Konzentration. Mit der Zeit werden Sie allerdings die zusätzliche Schärfe schätzen lernen, die sie Ihrer Übung gibt.

Intention

Intention, Vorhaben oder Zweck bedeutet, eine Strategie für die Meditationssitzung zu haben. Wenn Sie Ihren Geisteszustand kennen, können Sie über Ziel und Vorgehen entscheiden. Dabei gibt es zwei Aspekte: allgemeine und spezielle Intention.

Die spezielle Intention ist die unmittelbare Richtung, die Sie der bevorstehenden Sitzung geben wollen. Damit ist kein starres Ziel gemeint, sondern eine vorläufige Marschroute mit der Bereitschaft, sie wechselnden Umständen anzupassen. Wenn Sie zum Beispiel anfangs Trägheit und Stumpfheit in sich bemerken und daraufhin mehr Energie in die Übung hineingeben, kann es passieren, dass Sie später das genaue Gegenteil tun müssen. Dann sind Sie mit Ihrem Energieeinsatz vielleicht zu weit gegangen, haben sich mehr als nötig angeregt und müssen nun beruhigende Maßnahmen ergreifen.

Anregen und Beruhigen der Energie sind hier Beispiele für die Arbeit mit spezieller Intention. Sie formuliert Ihre Absicht, bestimmte Arbeitsmethoden strategisch anzuwenden. Die Entscheidung für die richtige Strategie bedarf nicht unbedingt einer langen Überlegung, obwohl Sie bei gewissen Geisteszuständen vielleicht mehr Zeit benötigen, um abzuwägen, was genau das Beste ist. Ein andermal können Sie schnell und intuitiv handeln, ohne viel darüber nachzudenken. Auf beide Arten ist es möglich, Ihre spezielle Intention festzulegen.

Die allgemeine Intention betrifft Ihre grundsätzliche Entscheidung, die Prinzipien des Arbeitens in der Meditation auch anzuwenden. Sie haben ein gewisses Grundverständnis dieser Methoden und Prinzipien: die Prüfung der inneren Verfassung, das Erkennen von Hindernissen und so weiter – alles, was Sie im Lauf Ihrer Meditationspraxis schon gelernt haben. Mit der Zeit finden Sie heraus, wie Sie am besten mit der besonderen Kombination von Hindernissen umgehen können, die Sie am häufigsten erleben. Bestimmte Hindernisse tauchen immer wieder auf, und wenn Sie stets aufs Neue mit ihnen zu arbeiten versuchen, entwickeln Sie eine Art strategischen Sinn. Dieses Gespür für die richtige Strategie wird sich von einer Meditation zur nächsten erhalten, so dass Sie nicht etwa jede Sitzung so angehen, »wie sie gerade kommt«, sondern die Erfahrungen der letzten Meditation bei Ihrem Vorgehen einbeziehen.

Dieser strategische Sinn entsteht am leichtesten während eines Retreats[21], da es dort kaum Ablenkungen gibt. Eine größere Kontinuität Ihres Gewahrseins können Sie auch mit Hilfe eines einfachen Meditationstagebuchs entwickeln. Wenn Sie Ihr strategisches Gespür kultivieren, müssen Sie weniger Zeit darauf verwenden, die Erfordernisse einer Situation stets von neuem herauszufinden. Dadurch wird mehr Energie für Ihre eigentliche Meditation verfügbar.

Enthusiasmus

Eine klare Strategie ist wichtig, doch letztlich werden wir von unseren Emotionen zum Handeln bewegt. Ein kalter, vorwiegend verstandesmäßiger Zugang zur Meditation führt nicht sehr weit – es fehlt der Funke, der auf die Bemühung überspringt. Der methodische Schritt des Enthusiasmus in SPIEL entspricht in etwa der Aussage: »Ja, das will ich wirklich tun.« Intention heißt, Absicht und Vorgehen zu formulieren; Enthusiasmus ist dann unser emotionales Engagement für unser Vorhaben.

Um sich dafür zu begeistern, in der Meditation auch zu arbeiten, muss man sich manche der positiven Assoziationen, die man mit Meditation verbindet, ins Gedächtnis rufen: Sie könnten etwa daran denken, was Sie ursprünglich zum Meditieren bewogen hat. Wahrscheinlich haben Sie einen starken Wunsch verspürt, zu wachsen und sich weiterzuentwickeln. Rufen Sie diese Gefühle, so gut Sie können, wieder wach. Vielleicht hat Sie auch das Beispiel des Buddha inspiriert – oder Sie möchten eben nur achtsamer und gesammelter, freundlicher und hilfsbereiter, systematischer, weiser oder einsichtsvoller werden. Überlegen Sie, welche Ergebnisse Sie sich von der spirituellen Übung erhoffen. Solche Reflexionen können Sie motivieren. Sie machen Mut, stärken das Selbstbewusstsein und entfachen den Enthusiasmus. Das alles brauchen Sie, um sich voll und ganz auf die Meditation einzulassen.

Leistungswille

Mit Leistungswille oder Entschlossenheit ist ein durch und durch integriertes Herangehen an die gestellte Aufgabe gemeint. Alle bisher genannten Faktoren – Sitzhaltung, Prüfen der Geistesverfassung, Intention und Enthusiasmus – sind im Leistungswillen verknüpft und werden von ihm beim Meditationsobjekt gehalten. Das gesamte Gewicht unserer körperlichen, verstandesmäßigen und emotionalen Verfassung kommt hier zum Tragen.

Leistungswille ist der Faktor, durch den Sie eigentlich meditieren. Das Wort »Leistungswille« hat die Bedeutung eines festen Entschlusses, wenn nicht gar eines Gelübdes, das Sie ablegen, um etwas zu erreichen. Sie haben alle Kräfte ins Spiel gebracht, über die Sie verfügen, und sind nun in der Lage, sich auf sehr wirkungsvolle Weise zu bemühen. Entschlossenheit bedeutet, sich dessen ganz sicher zu sein, dass Sie wirklich meditieren wollen.

Im spirituellen Leben ist Entschlossenheit oder Leistungswille ganz allgemein eine äußerst wichtige Eigenschaft. Sie müssen sich stets neu vergewissern, aus welchen Beweggründen Sie üben. Diese Klärung ist so oft nötig, weil immer neue Zweifel – neue Schichten und Intensitätsgrade des Zweifelns – auftauchen, bis man sich unumkehrbar auf dem Weg zur Befreiung befindet. Auf Dauer bringt Ihre Entschlossenheit alle Fäden Ihres Lebens zusammen; sie ist das dynamische Zentrum, um das herum sich der gesamte Prozess der Integration vollzieht.

Die Arbeitsprinzipien im Einzelnen

Wir werden nun noch ausführlicher untersuchen, wie man in der Meditation arbeitet. In Einklang mit dem Prinzip des Schaffens einer guten Basis kehren wir aber zunächst kurz zu unseren Geisteszuständen außerhalb der Meditation zurück.

Es ist eine gute Übung, auch außerhalb der Meditation auf die fünf Hindernisse zu achten, denn sie sind sehr wahrscheinlich vorhanden: Ein Großteil unseres Alltagsbewusstseins wird gewöhnlich von diesen Geisteszuständen gefärbt.

Dass sich unsere Aufmerksamkeit auf angenehme Sinneseindrücke richtet, ist nur natürlich (immerhin leben wir im *kama-loka*, der Welt der Sinne). Vielleicht werden Sie es nützlich finden, einmal darauf zu achten, wie die Sinneseindrücke, die Sie aufnehmen, Ihre Konzentrationsfähigkeit beeinträchtigen. Auch andere Hindernisse sind nicht weit entfernt: Unter Druck reagieren wir leicht ärgerlich. Oft können wir uns vor lauter Rastlosigkeit nicht entspannen, oder wir verfallen in einen dumpfen und trägen Zustand. Ein andermal sind wir unentschieden und leiden unter einem Mangel an Selbstvertrauen. Wenn Sie sich angewöhnen, diese Hindernisse auch außerhalb Ihrer Meditation zu registrieren, werden Sie sie in der Meditation viel leichter aufspüren können.

Das positive Gegenstück zu den Hindernissen sind die so genannten Vertiefungs- oder Dhyana-Faktoren, die in höheren meditativen Geisteszuständen auftreten. Das sind eine besondere Klarheit und Geradlinigkeit des Denkens, Gefühle von Verzückung und Glückseligkeit sowie Einspitzigkeit. Die feine Kunst, positive Geisteszustände zu entfalten, wird deutlich gefördert, wenn Sie die »Keime« dieser Vertiefungszustände bereits im Alltagsbewusstsein beachten.

Nehmen wir nur das Denken als Beispiel. Im gewöhnlichen Bewusstsein ist unser Denken natürlich bei weitem nicht so klar wie in einem Zustand tiefer meditativer Sammlung. Wenn Sie sich aber häufiger bemühen, auf Ihr Denken zu achten, werden Sie ganz allgemein direkter mit Ihrem Denkvermögen verbunden sein. Wenn Sie dann meditieren, denken Sie wahrscheinlich klarer – und so werden Sie sich den Dhyana-Faktoren annähern.

Auf die gleiche Weise können Sie sich auch auf Verzückung und Glückseligkeit einstimmen. Sie pflegen einfach durch Achtsamkeit beständig die Keime von Verzückung und Glückseligkeit, wie sie im Genusss schöner Formen und Farben oder angenehmer Klänge und Gerüche vorhanden sind. Sie alle weisen zwar noch nicht die gleiche Erfahrungsqualität wie die meditativen Zustände auf, doch es ist so, als werde der höhere Zustand im niederen gespiegelt oder angedeutet. Wenn Sie solche angenehmen Sinneserfahrungen wahrnehmen und in einem ästhetischen Sinn genießen, pflegen Sie die »Keime« der Dhyana-Faktoren. Wenngleich auf eher alltäglicher Stufe, stellen Sie damit doch schon eine Verbindung mit der Möglichkeit von Verzückung und Glückseligkeit her. Ganz allgemein werden Sie es hilfreich finden, Ihre Sinneserfahrungen außerhalb der Meditation zu verfeinern und bewusster zu genießen, was Ihnen Freude macht. Deshalb müssen Sie nicht gleich hemmungslos der Sinnenwelt frönen und Ihre Neigung zu Gier noch verstärken. Es geht eher darum, Ihr Vorstellungsvermögen zu wecken. Auch die Einspitzigkeit des Geistes kann man im gewöhnlichen Bewusstsein keimhaft wiederfinden. Erforschen Sie das Phänomen der Konzentration. Finden Sie heraus, worauf sich Ihre Konzentration in jedem einzelnen Augenblick richtet. Auf diese Weise werden Sie – wenn auch vorerst auf einer niedrigeren Stufe – mit den Qualitäten vertraut, die den Weg in die höheren Bewusstseinsebenen ebnen und lassen sich weniger leicht ablenken.

Wenn wir also mit dem Schaffen einer guten Basis fortfahren, kommen wir zu den vier Arbeitsprinzipien, die wir am Ende des Kapitels »Aufbau einer Meditationspraxis« vorgestellt hatten: Erkennen, Vertrauen in die eigenen Fähigkeiten, Schaffen einer Basis und kreativer Einsatz von Gegenmitteln. Nun können wir etwas mehr über jedes dieser Prinzipien sagen und damit auf sinnvolle Weise unser Hauptthema, wie man in der Meditation arbeitet, weiterführen.

Zunächst eine Bemerkung zu Prinzipien im Allgemeinen. Meditation ist eine Kunst, die man nur durch eigene Erfahrung erlernen kann. Das sollten Sie auf keinen Fall vergessen, wenn wir die Meditationsprinzipien untersuchen. Wahrscheinlich gibt es so viele unterschiedliche Arten, diese Grundsätze anzuwenden, wie es Meditierende gibt. Dennoch sind sie unverzichtbar. SPIEL ist nur eine Art, einige zentrale Prinzipien darzustellen. Es gibt daneben noch viele andere Beschreibungsmöglichkeiten, aber ohne einen solchen Leitfaden wie SPIEL wird niemand seinen Geist sammeln können. Wer in diesen Bereichen nicht über ein gewisses Maß an Gewahrsein verfügt, wird abgelenkt von (1) seinem Körper, (2) einem Mangel an Selbst-Gewahrsein, (3) einem Mangel an Zielgerichtetheit und (4) einem Mangel an emotionaler Beteiligung. Es lohnt sich, dies im Sinn zu behalten, wenn wir nunmehr jedes der vier Arbeitsprinzipien erneut betrachten.

Lassen Sie uns einige der möglichen Gründe dafür beleuchten, warum manche Menschen nicht wahrhaben wollen, was wirklich in ihrer Meditation geschieht. Zuweilen hat das mit ihrem zu geringen Selbstwertgefühl zu tun.

Die Prinzipien des Anerkennens der eigenen Fähigkeiten und des Vertrauens in sie sind anscheinend eng miteinander verbunden. Niemand kann in seiner Meditation arbeiten, ohne die Verantwortung für seine Geisteszustände zu übernehmen. Es gibt aber eine sehr verbreitete Neigung unter Meditierenden, die tatsächlich vorhandenen negativen Geisteszustände zu leugnen oder sie als eine Art »Fremdeinmischung« ins Bewusstsein anzusehen. Menschen, denen eine solche Abwehrhaltung zur Gewohnheit geworden ist, versuchen gewöhnlich, stur und rigide zu »meditieren«, ohne das tatsächliche Geschehen in ihrem Geist zu berücksichtigen. Unglücklicherweise verschlimmert diese Haltung ihre geistige Starrheit nur noch mehr.

Wir haben bereits festgestellt: Erkennen, was geschieht, ist die Essenz des Meditierens. In gewissem Grad neigen wir alle dazu zu leugnen, was eigentlich mit uns los ist. T. S. Eliot sagte: »Die Menschen ertragen nicht sehr viel Wirklichkeit.«[22] Der Grund, warum wir sie nicht aushalten, ist oft ein negatives Selbstbild. Viele Menschen leiden heutzutage unter Gefühlen irrationaler Schuld. Sie meinen, sie dürften diese oder jene Emotion nicht fühlen, und sie sehen mit einer verurteilenden Haltung auf ihre »niedere Natur« herab. Nur ungern gestehen sie sich ein, dass es auch in ihrem Geist negative Emotionen geben könnte – und das geschieht, weil sie sich im tiefsten Inneren tatsächlich für einen »schlechten Menschen« halten. Menschen sind aber immer – wenngleich in unterschiedlichem Maß – »gut« und »schlecht«. Wir müssen verstehen, dass Gier und Hass normale Neigungen eines jeden Menschen sind. Man sollte negative Emotionen wahrlich nicht unterstützen und ihre Folgen nicht entschuldigen. Sie aber als »böse« oder »sündhaft« zu betrachten kann uns sogar daran hindern, sie zu überwinden. Es ist besser, die Hindernisse als unreife Aspekte unserer Persönlichkeit anzusehen, an denen wir arbeiten müssen, statt als etwas Böses, das wir verschmähen und zerstören sollten.

Der Buddhismus hat dieses Problem schon immer klar erkannt. Deshalb hat er die negativen Emotionen in einem weiteren Rahmen betrachtet und ihnen ihre positiven Entsprechungen gegenübergestellt.

Hass weist zurück und unterscheidet; deshalb sagt man, er sei in gewisser Weise mit Intelligenz und Weisheit verwandt und könne sogar in sie verwandelt werden. Die scharfe, schneidende Energie, die man in seinen Hass hineinsteckt, kann in den Scharfsinn des Erkenntnisvermögens »umgelenkt« werden. Die negative Qualität von Gier, die alle attraktiven Dinge und Wesen für sich allein haben will, entspricht in gewisser Hinsicht dem mitfühlenden Erbarmen, das alle Wesen nähren und ihnen helfen möchte. Das Verlangen, das sich jetzt als Begierde äußert, könnte eines Tages zum echten Wunsch nach dem Wohlergehen aller werden (wenn es durch spirituelle Übung wie die Metta-Bhavana systematisch umgelenkt wird). Schon der bloße Gedanke, dass man derart negative Emotionen umwandeln kann – statt sie vernichten zu müssen –, mag helfen, die schädliche Neigung zur Selbstverdammung aufzulösen.

Wie wir bereits gesehen haben, hat das Prinzip des »Schaffens einer guten Basis« damit zu tun, der Konzentration die nötige Grundlage zu geben. Mancher stürzt sich mit großem Elan und Ehrgeiz in seine Meditation. Doch das Fundament für die Konzentration ist oft zu schwach, zu schmal und zu angestrengt, und die Begeisterung kann so schnell erkalten wie ein glühender Stein, den man in einen Eimer mit kaltem Wasser wirft. Um eine festere Grundlage als Stütze Ihrer Konzentration zu entwickeln, müssen Sie allgemeine

Achtsamkeit für alle Bereiche Ihrer selbst aufbauen, bevor Sie Ihre Kraft in die besonders intensive Achtsamkeit auf das Meditationsobjekt strömen lassen. Das Prinzip des systematischen Aufbaus könnte auch »vom Allgemeinen zum Besonderen« heißen. Auf ihm beruht auch unsere Betonung der wiederholten Selbstprüfung im Rahmen von SPIEL.

Sie können dieses Prinzip folgendermaßen nutzbringend auf Ihre Meditationsübung anwenden: Die Basis – das umfassendere, allgemeine Selbst-Gewahrsein – nennen wir »Breite«, und das Objekt unserer Meditation, ihren Brennpunkt, nennen wir »Fokus«.

Stellen Sie sich nun vor, Ihre Fähigkeit, zu fokussieren, werde von Breite getragen. Es ist wie mit dem höchsten Punkt eines großen Berges: ein winziges Stück Gestein auf dem Unterbau einer riesigen Felsmasse. (Vielleicht stammt daher auch die Vorstellung, man solle in der Meditation »wie ein Berg« sitzen.) Sie fokussieren den Geist auf den Atemfluss oder auf die Entfaltung von Metta. Damit dies zu voller Konzentration führen kann, muss es von einer breiten Grundlage des Erlebens gestützt sein.

Sind Fokus und Breite nicht im Gleichgewicht, wird die Konzentration »umkippen«. Wenn der Fokus auf das Objekt keine wirkliche Basis hat, fühlt sich die Konzentration gepresst an, so als müsste man die Zähne zusammenbeißen, um alles zusammenzuhalten. Richtiges Fokussieren ist entspannt: Die Sammlung führt dabei immer die ganze Breite des Erlebens mit sich. Sie darf nicht erzwungen werden. Gewaltsame Konzentration fühlt sich eng, hart und gierig an. Sie verlangt übermäßige Anstrengung und kann nicht lange aufrechterhalten werden. Die Aufmerksamkeit geht dann schnell verloren.

Ein Fokus, der die Breite Ihrer Erfahrung einbezieht, kann entspannt bleiben und uneingeschränkt gehalten werden. Mit »Breite« ist Ihr Gesamtbefinden gemeint: Sie umfasst den Körper und seine Vitalität, die Gefühlsempfindungen und Emotionen, die Gedanken und bildhaften Vorstellungen. Wenn Sie diesen Elementen im Hintergrund Ihres Gewahrseins Raum lassen, wird Ihr Fokus entspannt sein, und – was noch wichtiger ist – Sie werden über mehr Energie für die Konzentration verfügen.

Der Breite gewahr zu sein bedeutet aber nicht, dass Sie sich mit diesen Elementen des Erlebens intensiv befassen. Sie erkennen nur an, dass sie da sind. Wenn Sie sich übermäßig mit der Breite beschäftigen, werden Sie abgelenkt. Sind Breite und Fokus ausgewogen, dann gibt es eine solche Gefahr nicht.

Bezogen auf SPIEL ist Breite, ebenso wie »Anerkennen«, ein Aspekt des Prüfens der Geistesverfassung, also eine empfängliche Innenschau. Ein entspannter, völlig gerichteter Fokus entspricht dem Leistungswillen oder der Entschlossenheit.

Fokus und Breite ins Gleichgewicht bringen

Breite	**Fokus**
Empfänglichkeit für die eigene Grundlage der Achtsamkeit	aktive Aufmerksamkeit beim Objekt der Übung
• Körper	• Meditationsobjekt
• Gefühlsempfindungen	
• Emotionen	
• Gedanken	

Wir haben bereits verschiedene traditionelle Gegenmittel zu den Hindernissen aufgezählt (siehe Seite 105 ff.), aber kaum etwas darüber gesagt, wie man sie auf kreative Weise anwendet.

Es ist wichtig, die Gegenmittel zu den Hindernissen auf feinfühlige und schöpferische Weise einzusetzen. Seien Sie sich der Wirkung einer bestimmten Arbeitsweise bewusst und auch bereit, die Methode zu ändern, wenn es angebracht scheint. Gegenmittel kreativ zu gebrauchen heißt, dass man allen in der Übung aufkommenden Möglichkeiten mit offenem Geist begegnet, statt sich auf Patentrezepte oder automatische Ergebnisse zu verlassen. Der Geist ändert sich ständig, und Sie müssen vermutlich verschiedene Methoden erproben, um herauszufinden, welche für Sie in der gegebenen Situation am besten ist.

Man kann auch auf falsche und unangemessene Weise nach Konzentration streben. Es kann passieren, dass Sie Ihre Aufmerksamkeit, ohne Ihre tatsächliche Geistesverfassung wirklich zu spüren, ungeduldig oder mit geringem Feingefühl verbiegen und gewaltsam ausrichten. Vielleicht durchlaufen Sie stur alle Abschnitte der Meditationspraktik, obwohl es realistischer und zugleich nützlicher wäre, so lange in einem Abschnitt zu verweilen, bis Sie sich selbst deutlicher wahrnehmen. Oder Sie tun das Gegenteil – und bestehen hartnäckig darauf, so lange bei einem Abschnitt zu bleiben, bis »etwas passiert«, obwohl es besser wäre, die gewöhnliche Abfolge einzuhalten und sich von der inneren Dynamik der Übung beflügeln zu lassen.

Unausgewogene Bemühung entspringt der Neigung, die Breite der eigenen Erfahrung zu leugnen. Man steht unter dem Einfluss einer eher besitzergreifenden, unsensiblen Geisteshaltung und ist zu sehr auf bestimmte Resultate ausgerichtet. Weil man in erster Linie von dem Wunsch nach Ergebnissen getrieben wird, hat man keine Zeit, innezuhalten und seine unmittelbare Erfahrung zu betrachten. Es ist allerdings keineswegs falsch, Fortschritte machen zu wollen. Fixe Ideen über die Art des gewünschten Resultats und den besten Weg dorthin helfen aber nur wenig. Ein allzu ergebnisorientiertes Herangehen rührt vielleicht von der angenehmen Erinnerung an eine frühere Meditation her. Es ist nur natürlich, wenn Sie eine solche Erfahrung gerne wieder erleben möchten. Nur ist es letztlich unmöglich, Meditationserfahrungen zu wiederholen. Am besten beginnen Sie jedes Mal ganz frisch.

Ein typisches Resultat unausgewogener und gewaltsamer Bemühung sind Schmerzen und Enttäuschung. Wenn Sie sich zur Konzentration zwingen, können körperliche Beschwerden auftreten. Häufig sind das Kopfschmerzen, Verdauungsstörungen und verspannte Schultern. Auch Ihr Geisteszustand kann beeinträchtigt werden: Unruhe, Beklemmung oder ein dumpfer, blockierter Zustand, sogar ein zeitweiliges »Weggetretensein« sind dann wahrscheinlich. So etwas kann natürlich Ihre Fähigkeit zu meditieren und Ihre Einstellung zur Meditation belasten. Eine schon bestehende Neigung zu geistiger Rigidität kann sich dadurch verfestigen, und Sie wehren sich dann noch mehr gegen die Empfehlung, kreativ in der Meditation zu arbeiten; stattdessen versuchen Sie, noch verbissener und wie mit Scheuklappen weiter zu »meditieren«.

Der Einsatz unangemessener Methoden kann auch die schlechte Gewohnheit erzeugen, die tägliche Übung »mechanisch abzuspulen«. Manche Meditierende setzen sich »brav« jeden Morgen zur Meditation hin, und sie tun es jedes Mal auf exakt die gleiche Weise – jahrein, jahraus. Sie durchlaufen eine Folge geistiger Schritte, ohne dabei ihrem tatsächlichen Geisteszustand die geringste Beachtung zu schenken. So etwas hat nichts mit Meditation zu tun! Diese Menschen geben vielleicht zu, dass sie ihre Übung nicht besonders genießen, aber sie machen trotzdem unbeirrt weiter. Eingefahrene Gewohnheiten lassen sich nur schwer ändern.

Sollten Sie je den Eindruck haben, dass Ihre Meditation hart und starr wird, halten Sie einfach für einen Augenblick inne. Hören Sie auf zu »meditieren«, und versuchen Sie stattdessen, erneut zu spüren, was in Ihnen vorgeht. Kommen Sie zurück zum echten Gewahrsein Ihrer selbst. Das mag eine Weile dauern. Ganz gleich, wie lange eine solche Kurskorrektur auch dauert – Stunden, Tage oder Wochen: Sie werden großen Gewinn daraus ziehen. Vielleicht lernen Sie endlich, einmal loszulassen und sich in Ihrer Übung wie auch außerhalb zu entspannen. Ihr ganzes Leben könnte sich dadurch ändern.

Unsere Diskussion der beiden letzten Arbeitsprinzipien – Fokus/Breite und Kreativität – deutet vielleicht darauf hin, dass Ihr Leben etwas mehr inneren Reichtum und Farbe vertragen könnte. Es geht um Inspiration: Gestatten Sie Ihrer Phantasie, an der Meditation mitzuwirken. Vielleicht gelingt das bereits dadurch, dass Sie ein gutes Buch lesen, Bilder anschauen, Musik machen oder hören, Ihre Kommunikation mit anderen vertiefen oder auch Zeit alleine verbringen. Tun Sie, was immer die Quellen Ihrer Inspiration zum Fließen bringt. Reflektieren Sie über den Genuss und den Wert von Meditation, und entwickeln Sie so eine positivere Haltung, aus der heraus Sie die spirituelle Übung ganz allgemein als etwas Angenehmes und Erreichbares erleben.

Die Tabelle fasst die vier Arbeitsprinzipien des Meditierens zusammen, wobei die neuen Benennungen unserem nunmehr tieferen Verständnis entsprechen. Ihre Arbeit in der Meditation muss diese vier allgemeinen Prinzipien einschließen. Obwohl es in erster Linie

Anerkennen	• vorhandene Geisteszustände anerkennen • Verantwortung für die Hindernisse übernehmen
Vertrauen in die eigenen Fähigkeiten	• Selbstvertrauen • Metta für sich selbst
Fokus, getragen von Breite	• »Hintergrund«-Gewahrsein von sich selbst
Angemessene Bemühung	• Bereitschaft, die eigene Arbeitsweise zu überdenken • die tägliche Übung nicht »mechanisch abspulen«

darum geht, das Meditationsobjekt immer umfassender wahrzunehmen, ist dieses Objekt letztlich doch nicht von »Ihnen«, dem Subjekt, getrennt. (Wo endet »es«, und wo beginnen »Sie«?) Deshalb muss man während des Konzentrationsprozesses stets auch das Subjekt berücksichtigen. Um Ihr Meditationsobjekt wirksam zu erleben, müssen Sie Ihren derzeitigen Geisteszustand anerkennen und ein positives Selbstbild bewahren. Ihre Sammlung soll fortwährend von einem gewissen Gefühl der Breite getragen sein, und wenn Sie sich bemühen, die Konzentration weiter zu vertiefen, sollten Sie das kreativ und auf angemessene Weise tun.

Aufzeichnungen von Meditationserfahrungen

Geisteszustände können sich sehr schnell ändern. Aufzeichnungen helfen, genauer zu verstehen, was in der Meditation eigentlich geschieht. Ein Meditations-Notizbuch kann daher ein gutes Mittel sein, um die eigene Praxis besser zu überblicken. Sie können einfache Aufzeichnungen oder auch systematische Analysen anfertigen. Wenn Sie zu bestimmten Zeiten intensiver meditieren oder Ihre tägliche Übung genauer untersuchen wollen, ist ein Meditationstagebuch ein nützliches Hilfsmittel.

Hier sind zwei Vorschläge, wie Sie solche Aufzeichnungen machen können: als analytisches Protokoll und als Tagebuch.

Als Protokoll genügt vielleicht eine einfache Liste, die Sie nach jeder Meditationssitzung ausfüllen. Sie notieren das Erlebte und Ihre Arbeitsweise – und alles, was Ihnen sonst noch wichtig ist – in vorgegebenen Kategorien und Rubriken. Nach ein paar Tagen erhalten Sie dadurch einen systematischen Überblick über regelmäßig in Ihnen aufkommende Geisteszustände. Sie können zurückschauen, bestimmte Muster erkennen und neue Strategien entwickeln.

Um eine Liste zu erstellen, entscheiden Sie zuerst, welche Erfahrungsbereiche Sie festhalten wollen. Sofort nach jeder Meditationssitzung – denn sonst vergessen Sie die Einzelheiten – nehmen Sie die Liste zur Hand und markieren jene Faktoren, die Sie registriert haben. Sie können ihnen auch eine Note zwischen eins und zehn geben oder ein paar erläuternde Worte hinzufügen. Sie könnten beispielsweise eine Tabelle mit verschiedenen Kategorien entwerfen, aus der Sie die Veränderungen über mehrere Tage oder sogar Wochen ablesen können. So etwas ist sehr nützlich.

Am Ende Ihrer Liste können Sie Kommentare aufnehmen wie »streckenweise gut«, »Vorbereitung hätte besser sein können«, »ständig an die Arbeit gedacht« und so weiter.

Sehen Sie sich alle paar Tage die gesammelten Informationen an – einmal pro Woche reicht. Ziehen Sie Ihre Schlüsse daraus und wählen auf dieser Grundlage Ihre weitere Vorgehensweise. Oft ist es sehr nützlich, die Aufzeichnungen mit jemandem zu besprechen, der ebenfalls meditiert. Solche Gespräche stärken Ihr Interesse an der Meditation, und die andere Person erkennt unter Umständen Aspekte in Ihrer Übung, die Sie selbst übersehen haben. Während mancher Retreats werden täglich »Meditationsinterviews« mit einem Lehrer angeboten. Solche Gelegenheiten können äußerst wertvoll sein.

Die meisten Leute finden diese Art des Tagebuchs auf lange Sicht allerdings nur beschränkt tauglich. Manchmal erlebt man das Verfahren einer solchen Analyse als zu einengend. Dann mag es für eine Weile besser sein, von einem Tag zum nächsten weiterzusehen. In gewisser Hinsicht sind die minutiösen Details belanglos – wenn Sie

sie etwa mit Ihrer grundsätzlichen Entscheidung für den Pfad spiritueller Entwicklung vergleichen. Zu manchen Zeiten aber werden Ihnen Ihre Meditationen unergiebig vorkommen, so dass Sie zusätzlicher »Objektivität« bedürfen. Wenn Sie ein gutes Stück tiefer gehen wollen, kann ein analytisches Protokoll neue Energie und Kreativität entfachen.

Ein normales Tagebuch ist eine eher beschreibende und zugleich persönlichere Methode der Aufzeichnung von Meditationserfahrungen. Sie notieren in einer Ihnen gemäßen Form alle Gedanken zur jeweiligen Meditationssitzung: Beschreiben Sie einfach, was passiert ist, oder stellen Sie Überlegungen über die Bedeutung des Erlebten an. Sie können auch Informationen zu den Hindernissen und den Vertiefungsfaktoren festhalten. Ein Tagebuch ist zwar weniger geeignet, um später einen klaren Überblick zu erhalten, doch es hilft Ihnen wahrscheinlich, sich noch stärker für Ihre Übung zu engagieren. Vielleicht finden Sie es auch befriedigender. Ihr eigenes Innenleben zu beschreiben kann Sie auf neue Weise mit der Meditation verbinden und zu einem Fokus Ihres übrigen Lebens werden.

Wenn Sie Ihre Erfahrungen in der Meditation aufzeichnen, werden Sie auch mehr darüber nachdenken – was wiederum der Meditation zugute kommen wird. Aufzeichnungen können so zu einer wichtigen Erinnerungshilfe werden, denn Meditationserfahrungen sind – darin Träumen ähnlich – oft subtil und werden leicht vergessen.

Eine Meditationssitzung

Um ein deutlicheres Gespür dafür zu entwickeln, was es heißt, in der Meditation zu »arbeiten«, betrachten wir das Beispiel einer Übungsphase der Vergegenwärtigung des Atems.

Stellen Sie sich vor, Sie besuchen seit einer Woche ein Meditationsseminar und haben noch eine weitere Woche vor sich. Es geht Ihnen gut, und Ihr Geist ist ziemlich gesammelt. Jetzt ist später Vormittag; einmal haben Sie heute schon meditiert, vor dem Frühstück. Die Metta-Bhavana und auch die Vergegenwärtigung des Atems waren recht gut. Jetzt beginnt gerade die nächste Meditationssitzung. Unter diesen günstigen Umständen wollen Sie auf das Zählen der Atemzüge in den ersten Abschnitten der Vergegenwärtigung des Atems verzichten. Sie werden gleich mit der dritten Phase beginnen und einfach die Aufmerksamkeit beim Kommen und Gehen des Atems halten.

Bevor Sie beginnen, bereiten Sie sich mit SPIEL vor. Ihre Sitzhaltung fühlt sich inzwischen gut an. Vor zwei Tagen taten die Knie noch ziemlich weh, aber das hat sich dank guter Tipps der Seminarleiter gelegt: Zwei Zentimeter zusätzliche Sitzhöhe, Unterstützung für die Hände und ein Stück Schaumstoff unter dem linken Fußknöchel haben Wunder gewirkt. Sie gehen nun dazu über, Ihren Geisteszustand wahrzunehmen und sich auf die Gefühlsempfindungen und Emotionen einzustellen.

Die Meditation vor zwei Stunden war in der Tat besonders gut gewesen, und außerdem haben Sie während dieser Woche regelmäßigen Meditierens eine so stabile Konzentration aufgebaut, dass Sie glücklich und voller Energie sind – ja, sogar ein bisschen aufgeregt. Diese Aufgeregtheit verlangt natürlich eine besondere Strategie. Sie wissen, dass Sie nun Ruhe und Stille in der Meditation entwickeln müssen, und Sie haben auch eine Vorstellung davon, wie Sie das tun wollen.

An Begeisterung mangelt es Ihnen wahrlich nicht. Vor einiger Zeit haben Sie klar erkannt, wie Meditation Sie verändern kann. Sie finden die Aussicht, Mitgefühl und Einsicht zu entwickeln, äußerst inspirierend. Da Ihre Übung in dieser Woche so gut gelaufen ist, rechnen Sie jetzt mit weiteren Fortschritten.

Mit einem solch positiven Antrieb im Rücken genügt eine kurze Vorbereitung. Innerhalb einer Minute haben Sie die Lage eingeschätzt, festgestellt, was Sie tun werden, und Ihre Energien gesammelt. Alles in allem ergibt das einen starken Leistungswillen: Sie sind fest entschlossen zu üben.

So fangen Sie an. Ein paar Minuten lang ist Ihr Gewahrsein des Atems ziemlich gut. Sie genießen die Übung. Ganz im Sinne Ihrer Entscheidung suchen Sie nach den typischen Qualitäten von Ruhe und Stille in Ihrer Meditation.

Zuerst scheint auch alles ganz gut zu gehen, doch nach einer Weile müssen Sie erkennen, dass Sie nicht ganz so viel Energie haben, wie

Sie geglaubt hatten. Genau genommen fühlen Sie sich sogar ein wenig dumpf. Das geht eine ganze Weile lang so. Mehrere Minuten vergehen, bis Sie die Lage voll erfassen. Sie ist das Gegenteil dessen, womit Sie gerechnet hatten. Sie waren darauf eingestellt, sich in eine tiefe Stille hinein zu entspannen, aber nun ist es ganz anders. Und Sie wollen einfach nicht wahrhaben, dass Ihre Strategie nicht funktioniert. Sie können es schlicht nicht glauben, dass es so ist, und versuchen weiterhin verbissen, sich mit Hilfe Ihrer einmal gewählten Beruhigungstaktik tiefer zu konzentrieren. Ihre Dumpfheit wird dabei nur noch schlimmer. Solange Sie an der gewählten Beruhigungsstrategie festhalten, versinken Sie immer tiefer in Lethargie. Nach ungefähr einer Viertelstunde kommen Sie endlich zu dem Schluss, dass Sie sich irgendwie aus diesem Sumpf herausziehen müssen.

Es gelingt Ihnen, sich aufzuraffen, und Sie entwerfen eine Taktik, um die Trägheit und Stumpfheit loszuwerden. Sie wollen ganz besonders auf den Körper achten – seine Haltung und Stille und seine inneren Energien; und Sie werden sehr regelmäßig überprüfen, ob Ihr Geist tatsächlich beim Atem ist.

Die Methode hilft, wenn auch nicht gerade überwältigend. Immerhin hält Ihre Achtsamkeit auf die Körperhaltung Sie wenigstens wach. Sie fühlen sich etwas munterer, nur Ihr Geist bleibt weiterhin benebelt. Sie erkennen, dass das Gewahrsein des Atems trotz Ihrer Absicht, es regelmäßig zu prüfen, oberflächlich bleibt. Es fehlt an Intensität.

Um diesen Mangel auszugleichen, entscheiden Sie sich, den Atem etwas spürbarer zu machen. Man nennt diese Methode »willentliches Atmen«. Sie lassen den Atem für eine Weile etwas stärker ein- und ausströmen, ohne ihn aber zu kontrollieren – nur so, dass Sie ihn ganz deutlich spüren können. Das ist eine ziemlich gute Methode für eine derartige Situation.

Anscheinend ist es nötig, ziemlich lange so zu arbeiten. Das willentliche Atmen hilft Ihnen, jeden Atemzug viel klarer wahrzunehmen – aber sobald Sie damit aufhören, verlieren Sie erneut die Konzentration. Also machen Sie weiter ... und hören nicht auf weiterzumachen. Eine halbe Stunde oder mehr verstreicht; es kommt

Ihnen wie eine Ewigkeit vor. Und ganz allmählich weicht das bleierne Gefühl von Schwere und Kraftlosigkeit. Es ist, als wachten Sie eben erst auf.

Etwas hat sich verändert – ein neues, leichteres Element ist im Bewusstsein aufgetaucht. Bis eben war Ihr Körper noch schwerfällig, nun aber fühlt er sich geerdet und ruhig an. Sie sind vollkommen zufrieden, dazusitzen und weiterzumeditieren. Sie sind in Zugangskonzentration oder wenigstens in den Anfängen davon.

Um der veränderten Lage gerecht zu werden, entscheiden Sie, dass nun ein anderes Vorgehen nötig ist. Was werden Sie tun? Vielleicht denken Sie, es sei jetzt an der Zeit, zum nächsten Abschnitt überzugehen. Sie haben so lange und so aufmerksam gearbeitet, dass Sie völlig vergessen haben, dass es noch einen weiteren Abschnitt gibt. Also geben Sie das willentliche Atmen auf und richten die Aufmerksamkeit auf die Empfindung des Luftstroms an jener Stelle unterhalb der Nase, wo er in Ihren Körper eintritt.

Das hat die unmittelbare Wirkung, Ihren Geist noch mehr zu beruhigen. Daran erkennen Sie, dass Sie Ihre Bemühung zu Recht etwas zurückgenommen haben. Gleichzeitig spüren Sie aber, dass es unangemessen wäre, jetzt schon ganz loszulassen. Sie wissen: Es gibt noch immer die Gefahr zu sinken, und es ist weiterhin nötig, den Atem scharf zu beobachten und deutlich zu spüren, auch wenn Sie nun offenbar auf einer verfeinerten Stufe der Konzentration angelangt sind.

Darum nehmen Sie sich vor, sich nicht nur auf die Empfindung des Atems zu konzentrieren, sondern seinem ganzen Verlauf ohne jede Unterbrechung zu folgen. Sie versuchen, die Schwachstellen in Ihrem Atemgewahrsein zu finden, und achten besonders auf Anfang und Ende eines jeden Atemzugs sowie auf die Pausen dazwischen. Auf diese Weise kommen Sie in eine sehr enge Fühlung mit dem gesamten Atemfluss. Ihre Sammlung vertieft sich noch mehr.

Doch nun bemerken Sie, dass Ihre Augenbrauen zusammengekniffen sind. Wie lange das schon andauert, wissen Sie nicht. Jedenfalls runzeln Sie die Stirn. Sie fragen sich, ob sich hinter dieser Spannung eine Emotion verbirgt, die eine tiefere Konzentration verhindert. Um das herauszufinden, entspannen Sie noch nicht gleich, sondern verbreitern den Fokus auf den Atem: Sie nehmen sich die Zeit, nach und nach alle Aspekte der Anspannung zu erspüren; Sie erleben das Wohlgefühl und den Schmerz darin, erleben sie körperlich und emotional. Während Sie das tun, bemerken Sie, wie sich tief innen Gefühlsempfindungen und Emotionen lösen und ein Gefühl angenehmer Erleichterung entsteht.

Innerhalb weniger Minuten hat sich der Charakter der Meditation gewandelt. Plötzlich wird es ganz leicht, interessiert beim Atem zu bleiben. Ein Schauer der Verzückung breitet sich vom Bauch zum Herzen hin aus. Ihr Herz scheint zu vibrieren, und Sie merken, wie Sie in den Schultern loslassen (diese Spannung war Ihnen bisher entgangen). Mehr Gefühle gehen in Ihre Sammlung ein, und Sie erkennen, dass Sie nun fest in Zugangskonzentration gegründet sind.

Nach einer Weile fällt Ihnen auch auf, dass Sie dazu neigen, sich von all diesen angenehmen Empfindungen mitreißen zu lassen. Und zugleich erinnern Sie sich, dass Sie in der letzten Meditation vor wenigen Stunden bis genau an diesen Punkt gekommen und dann abgeschweift waren. Diesmal nehmen Sie sich vor, die Konzentration nicht zu verlieren und der Neigung zum Abdriften standzuhalten.

Deshalb entscheiden Sie sich, das Objekt Ihrer Konzentration geringfügig zu ändern. Eine Zeit lang hatten Sie auf den gesamten Verlauf eines jeden Atemzugs geachtet, wie er den Berührungspunkt streifte. Nun schenken Sie dem eigentlichen Atem weniger Aufmerksamkeit. Stattdessen konzentrieren Sie sich ganz auf die Berührung selbst.

Während Sie beginnen, sich auf diesen winzigen Empfindungspunkt zu sammeln, scheint er immer größer zu werden – so als ob Sie ihn durch ein Mikroskop betrachteten. Sie spüren die vom Atem hervorgerufene Empfindung bemerkenswert detailliert, und sie wird höchst interessant. Sie fühlt sich an wie ein riesiges Stück flauschigen Wollstoffs, das ganz sanft und gleichmäßig von einer Feder gestreift wird. Am Anfang und Ende jedes Atemzugs wandelt sich die Empfindung; anfangs ist sie rauer und zuletzt eher so, als schmelze sie.

Sie nehmen die Empfindung immer stetiger wahr, und nach einer Weile wird Ihr Atem still und stiller, bis er ganz zu verschwinden scheint. Sie sind sich nicht sicher, was Sie jetzt tun sollen, weil Sie das

Meditationsobjekt nicht mehr finden können. Sie fürchten, ins Schleudern zu geraten und schließlich Ihre Konzentration ganz zu verlieren. Sie kommen aber zu dem Schluss, dass Sie keineswegs zaudern und wanken müssen – irgendwo wird der Atem schon sein; Sie müssen nur noch feinfühliger nach ihm suchen.

Sie schauen tiefer, und zwar auf eine Weise, die nicht leicht mit Worten zu beschreiben ist. Doch was es auch sein mag, das Sie hier tun, es funktioniert. Sie finden den Atem, und der Charakter Ihrer Meditation wandelt sich von neuem: Sie wird noch stabiler, und der Genuss wird noch feiner. Ihnen wird klar, dass Sie auf einer höheren Bewusstseinsstufe angelangt sind und nun all die besonderen Eigenschaften dieses Zustands auskosten können.

Geistesruhe und Einsicht

Wie bereits erwähnt, gehört Meditation zu einem spirituellen Weg, der über die gewöhnlichen Grenzen des Menschen hinausführt. Dieser Pfad besteht aber nicht aus einer Folge von Meilensteinen, die wir passieren. Wir *sind* der Weg: Unsere Entwicklung, unser eigenes Leben mit Bewusstheit zu entfalten ist der Pfad. Und dieser Weg beginnt irgendwann mit einer Reihe von Fragen.

»Wer bin ich? Was bedeutet es, Mensch zu sein? Was ist diese Erfahrung, die ich Leben nenne – und worum geht es dabei? Hat es irgendeinen Sinn und Zweck, oder ist alles nur ein Traum? Warum leiden die Menschen? Wird die Zukunft durch irgendetwas vorherbestimmt? Was geschieht, wenn ich sterbe? Wie bin ich hierher gekommen? Warum wurde ich in meine besonderen Lebensumstände hineingeboren und warum andere in die ihren?«

Viele Menschen stellen sich solche Fragen von klein auf, doch sie stoßen dabei auf anscheinend unüberwindbare Hindernisse. Wären wir wirklich fähig, diesen Fragen in aller Tiefe nachzugehen und zu Schlussfolgerungen zu gelangen, die auf unserer eigenen Erfahrung beruhen, dann wäre das alles kein Problem. Wir würden das Leben, die Welt und alles andere recht bald verstehen. Aber es ist schwer vorstellbar, dass irgendjemand überhaupt zu solch definitiven Ergebnissen kommen könnte. Wer an diese Grenzen stößt, kann daher kaum anders, als eine Religion zu akzeptieren, die vorschreibt, was man zu glauben hat, oder aber zynisch zu folgern, dass eine Beschäftigung mit solchen Fragen bloße Zeitverschwendung ist. Keine dieser Lösungen ist sehr zufrieden stellend, denn die inneren Konflikte bleiben bestehen.

Die buddhistische Sichtweise vermeidet glücklicherweise diese beiden Extreme. Zunächst einmal bietet der Buddhismus praktische Methoden wie Meditation, Entwicklung von Achtsamkeit, Ethik und spirituelle Freundschaft an, durch die man den Geist so weit entwickeln kann, bis man in diese Bereiche selbst tieferen Einblick gewonnen hat. Außerdem hält er tiefe, eher metaphysische Lehren bereit, die eine vorläufige Orientierung bieten, um mit derartigen Problemen zurechtzukommen. Diese Lehren sind keine festen Dogmen, sondern bloß Arbeitskonzepte. Sie sind Empfehlungen, wie Sie mit dem existenziellen Dilemma umgehen können. Bisher haben wir verschiedene buddhistische Übungsmethoden betrachtet; nun wenden wir uns einigen dieser Lehren zu und untersuchen als Erstes die buddhistische Auffassung vom Wesen der Existenz.

Unsere bedingte Natur

Manche Fragen führen in unermessliche Weiten unerforschter, namenloser Regionen hinein. Ein Beispiel dafür ist die Frage: »Wie sind wir zu dem geworden, was wir sind?« Abgesehen von ein paar biologischen und psychologischen Fakten wissen wir nicht viel darüber, wie wir hierher gekommen sind oder warum wir gerade dieser bestimmte Mensch sind. Jeder von uns hat eigene Einstellungen und Reaktionsweisen, Vorlieben und Abneigungen; jeder hat eine bestimmte Art zu sprechen, sich zu bewegen und die Dinge zu sehen. Wie aber ist es dazu gekommen?

Wir können erkennen, auf welche Weise vielfältige Umstände unser Leben beeinflusst haben. Beispielsweise sind wir durch unsere Nationalität, Religion, soziale Klasse und unser Geschlecht geprägt. Es gibt eine Vielzahl solcher bedingenden Faktoren. Den meisten sind wir eher passiv ausgesetzt. Wir werden einfach in ein bestimmtes Gefüge von Einflüssen hineingeboren, die uns veranlassen, auf eine bestimmte Weise zu handeln. Später, als Reaktion auf veränderte Lebensumstände, ändern wir vielleicht diese »angeborenen« Neigungen. Das ganze Leben hindurch hat dieser ständige Anpassungsprozess unsere Einstellungen, Vorlieben und Abneigungen immer wieder umgeformt.

Auch der Buddhismus betrachtet die Existenz unter dem Gesichtspunkt ihrer Bedingtheit. Sein Blickwinkel auf das Leben ist sehr weit und sieht daher, dass die Neigungen, die wir jetzt herausbilden, zu Entstehungsbedingungen unserer zukünftigen Lebensumstände werden. Mit anderen Worten: Unsere Interessen und emotionalen

Antriebe neigen dazu, uns in ganz bestimmte Situationen zu führen. An unseren Freunden können wir leicht erkennen, wie sie sich in Ereignisse verstricken, die irgendwie »typisch« für sie sind. (Unsere Freunde können dasselbe bei uns beobachten.) Unser Leben wird in hohem Maß von unserer Konditionierung bestimmt und beschränkt. Mögen äußere Faktoren uns auch beeinflussen, so sind es doch wir selbst, die darauf reagieren und unsere Reaktion diesen äußeren Faktoren anpassen. Wir selbst erschaffen unsere eigene Konditionierung.

Nach buddhistischem Verständnis konditionieren wir uns in jedem Denkmoment auf subtile Weise neu. Dieser Prozess, »jetzt dies und dann jenes zu werden«, hat keinen erkennbaren Anfangspunkt. Wir können seine Eigendynamik nicht anhalten, denn wir können nicht einfach aufhören zu handeln. Selbst wenn wir scheinbar gar nichts tun, handeln wir noch immer – wir denken noch immer und fällen winzige, halb bewusste Entscheidungen. Im Verlauf einer einzigen Stunde vollführen wir Hunderte feinster Körperbewegungen und reagieren mit zahllosen Gedanken und Gefühlen auf die wechselnden Umstände. Einzeln und für sich betrachtet mögen die meisten davon ziemlich belanglos sein. Doch sie verstärken sich gegenseitig: Wie bei verschiedenen Wasserläufen, die in einem Fluss zusammenströmen, baut sich ihre Schubkraft auf und treibt uns – wenigstens eine Zeit lang – in eine bestimmte Richtung. Wenn wir nicht ganz aus dieser bedingten Existenz ausbrechen, nimmt sie kein Ende für uns. Für alle Zeiten, so behauptet der Buddhismus, würden wir dann darauf festgelegt sein, heute dies und morgen das zu werden.

Es ist aber möglich, die Richtung, in die unser Handeln uns führt, zu wechseln oder umzulenken. Wenn Sie wollen, können Sie sogar das Vermögen entwickeln, diese Begrenzungen ein für alle Mal zu durchbrechen. Nach buddhistischer Auffassung kann man einen Zustand jenseits aller Bedingtheit erreichen. Das ist es auch, worum es in der spirituellen Entwicklung letztlich geht: die Befreiung aus jedweder Art selbst auferlegter Begrenzung und eine neue Art von Freiheit. Die höchste Stufe spiritueller Verwirklichung ist der unbedingte oder »erleuchtete« Geist der Buddhaschaft. Eine erste Ahnung davon können Sie erhalten, wenn Sie erkennen, dass Sie von diesem Prozess des Werdens nicht getrennt sind: Sie sind die

Antriebskraft – nicht mehr und nicht weniger. Eine solche Einsicht kann Sie von der Neigung befreien, manche Dinge selbstsüchtig als »mein« festzuhalten. Hier gibt es also eine Art Antwort auf die erste der oben gestellten Fragen: »Wer bin ich?« Sie können sagen, dass Sie ein sich selbst verändernder Strom von Handlungen sind, dem Sie jederzeit eine positive oder negative Richtung geben können.

Zwar gibt es gewaltige Unterschiede im Grad der Wahlfreiheit jedes Einzelnen, doch im Grunde gilt das für alle Lebewesen. Eine buddhistische Überlieferung beschreibt die Existenz als unzählige farbige Lichtstrahlen, die einander kreuzen und durchdringen. Alle Wesen haben an einem Universum teil – oder sind ein Universum –, das aus den Strömungen und Gegenströmungen besteht, die von all ihren einander wechselseitig beeinflussenden Taten geschaffen worden sind.

Wir erwarten immer Beständigkeit

In der Theorie ist es ziemlich leicht, einzusehen, dass alles dem Prinzip der Unbeständigkeit und des Wandels unterliegt. Es ist aber außerordentlich schwierig, das auch für unser eigenes Leben voll und ganz zu akzeptieren. Wir haben emotionale Widerstände gegen diese Idee. Dieser Widerstand gegen die Wahrheit der Unbeständigkeit ist der Hauptgrund dafür, dass unser Leben oft so enttäuschend ist. Wir erwarten nur zu gerne, dass die Dinge bleiben, wie sie sind. Wir wollen nicht, dass das, was wir genießen, aufhört oder sich ändert – aber genau das geschieht. Wenn unsere Erwartungen so unrealistisch sind, ist Enttäuschung unvermeidlich. Wir werden vielleicht unsicher, verletzt, ärgerlich, bitter und zynisch, wenn die Dinge sich wandeln.

Diese Emotionen sind schmerzhaft und schaffen überdies die Bedingungen für neuen Schmerz. Emotionen können uns veranlassen, blind und automatisch zu wüten, um einen fragwürdigen Genuss zu verteidigen oder eine eingebildete Bedrohung abzuwehren. Doch der Ärger, den wir manchmal fühlen, hilft nicht, den Schmerz zu lindern (er macht ihn eher schlimmer). Unsere gesteigerten Wünsche stehen in keinem Verhältnis zum tatsächlichen Genuss; sie verstärken bloß das Gefühl der Unsicherheit.

In einer unbeständigen Wirklichkeit leben

Es gibt keinen Ausweg. Sie können der Wirklichkeit nicht entrinnen. Wenn Sie nicht lernen, die Tatsache der Unbeständigkeit gelassener hinzunehmen, werden Sie sich selbst und andere weiterhin verletzen. Sie müssen begreifen, dass Zu-Ende-Gehen, Erneuerung, Geburt, Tod und Wandel endlos weitergehen – und dass das sogar gut so ist. Gäbe es keine Unbeständigkeit, könnte auch niemals irgendetwas passieren! Gerade weil das Leben so wandelbar ist, können auch Sie sich ändern.

Mit diesem Wissen halten Sie den Schlüssel zum Glück in der Hand. Sie können die Wirklichkeit schöpferisch mitgestalten, statt sich als passives Opfer der Umstände zu erleben. Das Handeln eines Bodhisattva – eines Wesens, das sein Leben der Erleuchtung zum Wohl aller widmet – wird in einigen buddhistischen Schriften als »Spiel« bezeichnet. Das heißt nicht, dass er sein Tun nicht ernst nimmt. Man sagt, Bodhisattvas »spielen« im Reich der höchsten Wirklichkeit, weil es ihnen Spaß macht. Sie haben die Unbeständigkeit voll und ganz akzeptiert und können voller Freude an der Tatsache beständigen Wandels mitwirken.

Wir werden zu dem, was wir tun

Ob Sie es nun bewusst versuchen oder nicht, in die eine oder andere Richtung werden Sie sich ohnehin verändern. Daher lohnt es, die Veränderungen, die sich in Ihnen gerade vollziehen, bewusst wahrzunehmen und zu überlegen, was sich in Zukunft verändern könnte. Nach buddhistischem Verständnis gibt es für uns keine Beschränkung in Umfang oder Art der möglichen Veränderungen. Das gesamte Universum ist das Feld unserer spirituellen Entwicklung – oder Verkümmerung. Als Mensch können Sie gar nicht anders, als sich mit jeder kleinsten Handlung zu wandeln und jetzt dies und dann jenes zu werden. Mit der Zeit vermögen Sie alles zu werden: vom erleuchteten Buddha bis zum Psychopathen oder auch zu einem harmlosen Tier. Es kann natürlich sehr lange dauern, bis man von seiner gegenwärtigen Stufe aus in einen dieser Seinszustände gelangt. In der außerordentlich weit gefassten Zeitvorstellung, die für den traditionellen Buddhismus typisch ist, scheint sich der Entwicklungsprozess von hier bis zur Erleuchtung (oder auch zu anderen Lebensformen) meist über mehrere Lebensperioden zu erstrecken.[23]

Einführung in die Einsichtsmeditation

Die Meditationsformen, die wir bisher untersucht haben – wie die Vergegenwärtigung des Atems und die Metta-Bhavana –, sind so genannte *Samatha*-Methoden. Sie heißen so, weil sie die geistige Integration und Gesundheit fördern, die sich in Qualitäten wie Sammlung, Geistesruhe und emotionaler Positivität zeigen. Der Begriff »Samatha« hat eine allgemeine und eine spezielle Bedeutung. Im engeren Sinn bezeichnet er jede Meditationsmethode, die auf die Entwicklung höherer Bewusstseinszustände zielt. In seiner weiteren Bedeutung verwendet man ihn für sämtliche Mittel, mit denen man höhere Bewusstseinszustände erreichen kann. Dazu gehört nicht nur Meditation, sondern Samatha in diesem Sinne schließt auch Ethik ein, denn ethisches Handeln schafft die Grundlage für positive Geisteszustände.

Die zweite Art buddhistischer Meditation zielt auf Weisheit oder Einsicht und heißt *Vipassana*-Meditation. Das Ziel der Übung von Vipassana ist es, Einsicht zu erlangen: die Dinge zu sehen, wie sie wirklich sind. Einsicht bedeutet dabei kein abstraktes Verstehen, sondern ein direktes Erleben der wahren, höchsten Natur des Seins.

Der Charakter von Vipassana wird klarer, wenn wir betrachten, wie man diese Meditation übt. Vipassana-Meditation setzt voraus, dass Sie bereits fähig sind, den Geist zu sammeln. Sie kann also nur auf der Grundlage von Samatha-Meditation geübt werden. Deshalb beginnt man eine Vipassana-Praktik am besten mit einer Phase der Samatha-Übung, es sei denn, man hat schon eine solide Grundlage von Samatha geschaffen. Die durch Samatha-Meditation gewonnene Konzentration und emotionale Positivität dienen dem eher erhellenden und durchdringenden Wirken von Vipassana als Stützen. Man könnte auch sagen, dass Samatha-Meditation die geistigen

Kräfte entwickelt, während Vipassana diese Kräfte nutzt, um das Wesen der Dinge zu durchschauen.

In einer Vipassana-Übung benutzt man Gedanken. Natürlich sind dies nun keine abgelenkten Gedanken mehr. Die Klarheit des Denkens wird von den höheren Bewusstseinszuständen gestützt, die Sie in Ihrer Samatha-Praxis entwickelt haben. Sie richten die Aufmerksamkeit auf eine grundlegende Wahrheit – etwa in Form eines Gedankens, eines Bildes oder eines Satzes, der eine universale Wahrheit formuliert – und fokussieren Ihr Denken darauf. Sie reflektieren über die Wirklichkeit. In der buddhistischen Überlieferung werden zu diesem Zweck viele Ideen, Bilder und Formulierungen genutzt. Zum Beispiel heißt es, die Existenz habe drei universale Merkmale: Vergänglichkeit, Unzulänglichkeit und Substanzlosigkeit.

Die universalen Kennzeichen der Existenz

Unbeständigkeit und Unzulänglichkeit

Unbeständigkeit ist die universale Wahrheit, dass nichts von Dauer ist oder dass alles sich wandelt. Da das Prinzip der Unbeständigkeit von dem der Unzulänglichkeit nicht zu trennen ist, behandeln wir beide zusammen. Die universale Wahrheit der Unzulänglichkeit bedeutet, dass wir niemals vollkommen zufrieden sein können, weil es keine Quelle der Befriedigung gibt, die ewig besteht.

Dies ist keine erfreuliche Tatsache. Derartige Reflexionen über die Natur der Wirklichkeit konfrontieren uns mit ziemlich herausfordernden Wahrheiten. Das ist typisch für Vipassana. Sie lenkt die Aufmerksamkeit auf Aspekte des Lebens, die man normalerweise nicht wahrhaben will: Tatsachen, die man vielleicht schwierig und verwirrend findet, weil sie Angst machen. Das ist ein weiterer Grund, weshalb Samatha-Meditation eine so notwendige Grundlage für Vipassana ist: Die emotionale Stabilität, die man aus der Samatha-Erfahrung gewinnt, wirkt als unverzichtbarer Puffer gegen die Herausforderungen, denen das Ich durch Vipassana ausgesetzt ist.

Man hat unsere Epoche als »Zeitalter der Angst« bezeichnet. Doch selbst, wenn wir ganz ohne den modernen Stress leben könnten, wären wir weiterhin geängstigt. Hier geht es um tief sitzende Ängste, die in der Furcht vor Unbeständigkeit wurzeln – einer Furcht zu verlieren, was wir lieben, weil »alles vergeht«. Immer wieder versuchen wir, uns an das zu klammern, was wir mögen, und jede Veränderung so schmerzlos wie möglich für uns zu machen. Das alles löst Ängste aus. Die buddhistische Lehre betont dagegen, dass unsere Unkenntnis der Bedeutung von Unbeständigkeit ein noch tieferes Gefühl von Verunsicherung hervorruft. Wenn wir wirklich verstehen würden, was Unbeständigkeit bedeutet, wären wir von unserer Furcht befreit, und eine weitaus reichere und beglückendere Lebenserfahrung stünde uns offen.

Unsere spirituelle Unwissenheit macht uns zu unvollständigen Wesen, und hauptsächlich wegen dieser Unvollständigkeit fühlen wir uns unsicher. Obwohl wir ständig in äußerlichen Dingen wie Wohlstand und persönlichen Beziehungen Sicherheit suchen, können wir von ihnen doch immer nur ein vorübergehendes Sicherheitsgefühl erwarten. Genau genommen gibt es im Leben überhaupt keine Sicherheit – was wiederum eine eher unerfreuliche Tatsache ist, die wir akzeptieren müssen.

Das alles ist äußerst unbefriedigend; und aus Angst und Unsicherheit versuchen wir, uns vor den Begleiterscheinungen der Unbeständigkeit zu verstecken. Aber die Zeit, in der wir gezwungen werden hinzusehen, kommt unausweichlich. So kann zum Beispiel ein großer Verlust oder ein Trauerfall unsere Weltsicht tief erschüttern. Manche Menschen beginnen nach solchen Ereignissen ein spirituelles Leben, weil diese Erfahrung ihnen das menschliche Los deutlich vor Augen geführt hat. Das zeigt, wie ernst und spannungsgeladen diese Themen sind. Und es macht auch deutlich, wie wertvoll eine solide Grundlage von Samatha ist, wenn man sich mit ihnen befasst: Vipassana kann eine sehr starke Medizin sein. Jedes Abgleiten in Dumpfheit oder Depression wird aber verhindert, wenn Sie die emotionale Stabilität und den »Glanz« von höheren Bewusstseinsebenen entwickeln. Solch höhere Bewusstseinsebenen helfen auch, die Vipassana-Erfahrung zuzulassen und ganz in sich aufzunehmen.

Durch anhaltendes Üben von Vipassana-Meditation werden Sie mit der Zeit die Natur der Unbeständigkeit anerkennen und annehmen können. Vielleicht vermögen Sie dann sogar, »mit ihr zu tanzen« und sich im Reich der Wahrheit frei und schöpferisch zu bewegen. Wenn man nämlich Vipassana-Meditation auf die richtige Weise – systematisch und unter den geeigneten Bedingungen – übt, wird sie schließlich zu einer tiefen Erkenntnis und Einsicht in die Bedeutung der Existenz führen. Diese Einsicht öffnet das Tor zu echter Freiheit: Sehen Sie erst einmal die Dinge so, wie sie wirklich sind, dann werden Sie nicht länger blind auf wechselnde Umstände reagieren. Sie verstehen nun und unterliegen deshalb nicht mehr den alten emotionalen Wechselbädern.

Das ist die endgültige Befreiung und eine ganz besondere Quelle der Inspiration. Die tibetische buddhistische Tradition kennt viele symbolische Ausdrucksformen für die Qualitäten einer solchen Inspiration. Eine von ihnen ist die *Dakini* (Sanskrit), die »Himmelstänzerin«. Ihr Aussehen wird Ihnen zunächst einigermaßen befremdlich erscheinen: Bis auf ihren Schmuck, der aus menschlichen Knochen angefertigt ist, ist sie splitternackt. Sie trägt ihr Haar hüftlang, und es ist so verfilzt, als schere sie sich nicht darum. Ihre Farbe ist ein strahlendes Rubinrot – die ganze Haut ist wie vor Erregung gerötet. Am Hals trägt sie unter anderem eine Kette aus Menschenschädeln. Sie lacht und tanzt vor Freude, und aus einem weiteren Menschenschädel, der für diesen Zweck ausgehöhlt worden ist, trinkt sie Blut.

Die Dakini scheint so etwas wie Einsicht selbst zu verkörpern. Sie ist sehr anziehend und zugleich Furcht erregend. Wenn Sie aber (wie es die tibetische Praxis nahe legt) ihren Platz einnehmen und sich vorstellen, dass Sie sich selbst mit Knochen schmücken, wild tanzen und das Blut aus dem Schädel trinken, werden Sie allmählich auch fühlen wie sie. Die Dakini drückt eine unbändige Freiheit von jeglicher Todesfurcht aus. Es heißt, all unsere Ängste entspringen unserer unbewussten Angst vor dem Tod – der Angst vor etwas existenziell Unbekanntem. Die Dakini, die das erleuchtete Bewusstsein vollkommen verwirklicht hat, ist ganz von dieser Furcht befreit. Weil der Buddhismus betont, dass das Anerkennen von Unbeständigkeit uns von aller Furcht befreit, hat man ihn auch als »große Meditation über Unbeständigkeit« bezeichnet.

Substanzlosigkeit

Nichts ist fest, nichts ist unabhängig. Genau wie Unzulänglichkeit basiert auch das universale Kennzeichen der Substanzlosigkeit auf Unbeständigkeit. Die Dinge haben kein »Selbst« oder »Wesen«, keine »Substanz«, weil sie unbeständig sind. So wandelt sich fortwährend jeder Teil eines jeglichen materiellen Gegenstandes. Deshalb kann er auch keine feste, beständige Eigennatur haben.

Wir sind heutzutage mit dem Gedanken vertraut, dass Materie nicht so fest und beständig ist, wie sie erscheint, denn die moderne Physik hat unsere Auffassung von »fester Materie« umgestürzt. Trotzdem ist unsere emotionale Reaktion auf materielle Dinge noch immer so, als seien sie feste Einheiten. Immerfort erschaffen wir solche Einheiten. Wir stellen uns ein Auto etwa nicht bloß als eine Ansammlung miteinander verschraubter und verschweißter Bauteile vor, sondern eben als »Auto«. Wenn es einen Kratzer bekommt, denken wir sofort, unser Auto sei beschädigt worden. Unser emotionales Verhaftetsein erzeugt im Geist eine Vorstellung von diesem »Auto«, die gänzlich anders ist als die objektive Wirklichkeit, die sich aus nebeneinander existierenden Teilen zusammensetzt.

Vom Essen auf unserem Teller bis hin zu kontinentalen Landmassen, von High-Tech-Geräten bis zu Felsen und Bäumen betrachten wir alle materiellen Dinge auf ebensolche Weise. Wir stellen sie uns als unabhängig von allem anderen existierend vor – oftmals fast so, als hätten sie eine Art von »Selbst« oder existierten aus sich selbst heraus. In Wirklichkeit entsteht aber alles aufgrund von Bedingungen und kann nicht unabhängig von anderem existieren.

Man muss diese Zusammenhänge ausgiebig reflektieren, bis sie einem wirklich einleuchten. Wahrscheinlich ist es nicht gleich offensichtlich, dass wir den materiellen Dingen unbewusst ein »Wesen« zuschreiben. Wenn Sie aber untersuchen, wie Sie sich selbst und andere Menschen wahrnehmen, wird dies etwas deutlicher.

Unsere selbstverständliche Haltung uns selbst gegenüber geht gewöhnlich davon aus, dass »wir sind, wie wir sind«: Wir glauben, dass wir irgendwo unter der wechselnden Oberfläche des Alltags immer gleich bleiben. Tief in uns scheint es irgendetwas Ewiges zu geben: Vielleicht glauben wir, wir hätten eine Seele, die von den

Wechselfällen des Lebens unberührt und unbeeinflusst bleibt. Auch andere Menschen nehmen wir womöglich so wahr. Wir neigen zur Annahme, hinter seiner wechselnden Alltagserscheinung gebe es den »eigentlichen Menschen«, unverfälscht und unzerstörbar. Wir denken: »Seit ich Klaus kenne, hat er sich kein bisschen verändert.« Und vielleicht mögen wir diesen Gedanken sogar. Er tröstet uns, denn wir stellen uns Klaus gerne als ewig und wesenhaft vor. Diese Haltung ähnelt der Neigung mancher Eltern, ihre erwachsenen Söhne und Töchter noch immer wie kleine Kinder zu behandeln.

Der Buddhismus dagegen behauptet, dass Menschen sich wirklich ändern. Warum aber bilden wir uns nur ein, dass sie es nicht tun? Vielleicht hängt das teilweise damit zusammen, in welchem Ausmaß wir uns mit unseren eigenen Gewohnheiten identifizieren. Wir verknüpfen vielleicht unser Gefühl von »ich« oder »sie« mit den festen, eingefleischten Gewohnheitsmustern, die wir oder sie haben. Da unser Handeln überwiegend aus solchen Mustern besteht, kann es so wirken, als ob niemand sich je ändere. Doch in Wirklichkeit verändern sich mit der Zeit sogar unsere am tiefsten eingeschliffenen Gewohnheiten.

Das Gefühl, ein beständiges Wesen oder eine Seele zu haben, kann ziemlich stark sein. Möglicherweise sind wir irgendwann im Leben einer viel tieferen Schicht unserer selbst gewahr geworden oder sogar der Natur der Existenz. Das geschah vielleicht in einer flüchtigen, visionären oder mystischen Erfahrung, vielleicht auch unter dem Einfluss von Drogen. Oder wir haben einen machtvollen inneren Mythos gespürt, einen der Archetypen des Unbewussten. Viele oder vielleicht auch alle Menschen machen irgendwann in ihrem Leben solche Erfahrungen. Aber nur wenige erkennen ihren Wert, und noch weniger wissen, wie sie damit umgehen sollen.

Unsere religiöse und kulturelle Prägung liefert uns gewöhnlich nur schablonenhafte Erklärungen für solche Erfahrungen. Wenn etwa ein Anhänger einer der großen theistischen Religionen Hinduismus, Islam oder Christentum eine tiefe Erfahrung macht, wird er sie zumeist in Bezug auf Gott oder eine ewige Seele deuten. Wenn wir aber die Methoden der Samatha- und Vipassana-Meditation vorurteilsfrei einsetzen, können wir selbst überprüfen, ob bestimmte religiöse Überzeugungen – einschließlich der buddhistischen – tatsächlich mit der Erfahrung übereinstimmen oder nicht.

Obwohl der Buddhismus Überzeugungen wie den Glauben an ein beständiges Selbst oder eine Seele für Illusionen hält, wäre es absurd, zu denken, wir hätten keinerlei Ich. Alles, was bisher in diesem Buch über Samatha-Meditation gesagt wurde, deutet darauf hin, dass das Erleben eines Selbst ein äußerst wichtiger Aspekt einer bestimmten Phase in unserer Entwicklung ist. Was immer die letzte Wahrheit über einen Wesenskern sein mag, wir erfahren ein Ich, und fürs Erste müssen wir unsere Individualität stärken, Selbstvertrauen entwickeln und integrierter werden. Bei der Entwicklung von Samatha geht es darum, das »Ich« zu verfeinern und zu stärken. Auf der Alltagsebene sollten wir die Erfahrung eines Selbst nicht leugnen, selbst wenn unsere Einsicht später immer deutlicher zeigt, dass es letztendlich nicht der Realität entspricht. Wir werden nur dann fähig sein, unsere Substanzlosigkeit – oder, wie man auch sagen kann, unsere unendliche Wandlungsfähigkeit – in der richtigen Weise zu erfahren, wenn wir psychologisch integriert und gesund sind.

Manchmal werden Begriffe wie »Ich« und »Selbst« leider so verwendet, als gehe es in der spirituellen Entwicklung darum, das Ich zu schwächen oder zu zerstören. Eine solche Redeweise kann äußerst irreführend sein. Es ist keineswegs die buddhistische Absicht, die Erfahrung eines Selbst buchstäblich zu zerstören, sondern sie durch Erlebnisse höherer Bewusstseinsebenen in der Samatha-Meditation immer mehr zu verfeinern. Zunächst einmal müssen Sie mehr Sie selbst werden. Ist diese Stufe dann erreicht, kann Vipassana-Meditation Ihre Erfahrung eines Selbst weiter verfeinern, mit dem Ziel, Ihnen ihre Relativität und Unbeständigkeit bewusst zu machen.

Die Poesie von Shunyata

Im Verlauf des ersten Jahrtausends nach dem Tod des Buddha wurden die großen Themen von Unbeständigkeit, Unzulänglichkeit und Substanzlosigkeit zur umfassenden Philosophie von *shunyata* (Sanskrit) weiterentwickelt. Dieses Wort bedeutet »Leere« oder »Leerheit« und ist eher poetisch als wörtlich gemeint. Für den erleuchteten Geist sind die Dinge sozusagen durchscheinend und »leer«. Er sieht, dass alles sich unter dem Einfluss von anderem wandelt; die Dinge sind »leer« von jedem Wesenskern oder einer Essenz, die sie zusammenhält. Der Begriff »Leerheit« war nie im Sinne eines Nichts oder einer Verneinung gemeint – ganz im Gegenteil. Er drückt das Wesen der Realität im Sinne eines dynamischen statt eines toten oder statischen Universums aus. Wäre die Wirklichkeit nicht *shunya* (leer), dann könnte es kein Wachstum und keine Entwicklung welcher Art auch immer geben. Die Wahrheit der Unbeständigkeit und Substanzlosigkeit zu erkennen heißt, zum vollen Potential und zur vollen Lebenskraft zu erwachen: Da nichts durch Beständigkeit und einen festen Wesenskern eingeschränkt wird, ist alles möglich!

Das Prinzip der regelmäßigen Schritte

In gewissem Sinn ist Vipassana-Meditation im Vergleich zu Samatha eine höhere Form der Meditation. Deshalb finden wir sie möglicherweise ganz besonders attraktiv und inspirierend. Von ihrer Tiefgründigkeit beeindruckt zu sein bedeutet aber keineswegs, dass wir sie schon auf fruchtbare Weise üben könnten. Ohne eine Grundlage von Samatha kann man Vipassana nicht wirksam üben.

Wer ohne eine ausreichende Basis der Sammlung Einsicht zu entwickeln versucht, ist wie eine Kerze in einem zugigen Raum. Wegen des Luftzugs kann sie nicht ruhig brennen und die Umgebung erhellen, sondern sie tropft und züngelt und gibt nur flackerndes Licht. Wenn wir aber den Luftzug unterbinden, wird die Kerze groß und hell brennen. Ebenso steigert und erleuchtet Vipassana das Erleben in einem schon gesammelten Geist. Üben Sie dagegen Vipassana ohne Samatha, dann wird Ihre Energie wahrscheinlich dumpf werden, oder Sie verlieren sich in Ablenkungen.

Manchmal scheint es, als könne man sich zwingen, die Unbeständigkeit zu kontemplieren, obwohl der Geist nicht sehr aufnahmefähig ist. Wer das tut, überanstrengt sich aber möglicherweise, bekommt am Ende vielleicht Kopfschmerzen oder – was auf lange

Sicht schlimmer ist – eine falsche Vorstellung von Einsicht. Folgen Sie daher besser dem Pfad regelmäßiger Schritte, und üben Sie nicht auf eine Art, für die Sie noch nicht gründlich vorbereitet sind.

Im spirituellen Leben gibt es einen Pfad regelmäßiger Schritte und einen Pfad unregelmäßiger Schritte. Im Allgemeinen neigen wir dazu, Letzterem zu folgen, und beginnen vielleicht mit dem zweiten Schritt, um danach – weil uns das viel interessanter erscheint – gleich ein bisschen vom achten Schritt auszuprobieren. Weil wir das dann doch zu anstrengend finden, müssen wir wieder zur ersten Stufe zurück. Dort bauen wir unser Fundament und gehen wieder zur Stufe zwei über. Kaum aber haben wir damit angefangen, versuchen wir uns schon wieder ein bisschen auf der vierten Stufe (und kommen dabei vielleicht sogar etwas voran). Nur wenig später müssen wir allerdings erneut umkehren. Bevor man wirklich weitergehen kann, muss man seine Übung der jeweils tieferen Stufe vervollständigen.

Den besten Fortschritt werden Sie machen, wenn Sie konsequent dem Pfad regelmäßiger Schritte folgen. Üben Sie zunächst in Abschnitt eins, bis Sie darin fest und sicher sind. Dann nehmen Sie die Übung der zweiten Stufe auf und bringen auch diese zur Reife. Gehen Sie dann zur Stufe drei weiter, und auf diese Weise Stufe um Stufe zu immer höheren Ebenen. Das ist der ideale Weg, um voranzukommen, und zumindest in der Theorie klingt er direkt und unkompliziert. In der Praxis werden Sie es allerdings manchmal unmöglich finden, sich so geradlinig auszurichten. In gewisser Weise können Sie gar nicht anders, als dem Pfad unregelmäßiger Schritte zu folgen. Auch dabei werden Sie manche Fortschritte erzielen, jedoch nur dann, wenn Ihre jeweilige Übung auf der sicheren Grundlage eines bereits gefestigten Abschnitts aufbaut. Höhere Ebenen der Übung basieren auf der Entfaltung der niedrigeren, so wie jede Stufe einer Zikkurat oder einer Pyramide von der darunter liegenden getragen wird. Manchmal mag man wohl ein paar Fortschritte über seine scheinbaren Leistungsgrenzen hinaus machen, doch ohne ein solides Fundament kann man sie nicht erhalten.

Anhang

Anmerkungen

1 »One Robe, One Bowl.« In: *Zen Poetry of Ryokan*. Weatherhill 1984, S. 65.

2 Zhiyi: »Dhyana for Beginners.« In: *A Buddhist Bible*. Boston 1970, S. 437. (Dt. »Dhyana für Anfänger.« In: *Meditations-Sutras des Mahayana-Buddhismus*. Bd. 1. Hrsg. Raoul von Muralt. Bern 1988.) Für chinesische Eigennamen verwenden wir die heute zunehmend verbreitete Pinyin-Umschrift. Häufig findet man auch die Schreibweisen Chih-I oder Chi-I. (Anm. d. Ü.)

3 Dhammapada I, 1. In: *Dhammapada. Worte des Buddha*. Uttenbühl 1995, S. 9.

4 Shunryu Suzuki: *Zen-Geist, Anfänger-Geist*. Berlin 2002 (9. überarb. Auflage), S. 37.

5 Thich Nhat Hanh: *Die Sonne, mein Herz*. Berlin 1998 (4. überarb. Auflage), S. 85 f.

6 In: *Sutta-Nipata. Früh-buddhistische Lehr-Dichtungen aus dem Pali-Kanon*. Konstanz 1977, S. 58.

7 Metta (Pali) oder Maitri (Sanskrit), Güte oder Freundlichkeit. Bhavana bedeutet »Ins-Dasein-Bringen«, »Erwecken«, »Entfalten« und wird auch als Sammelbegriff für »Meditation« benutzt. Viele der ältesten buddhistischen Schriften sind in Pali überliefert. Für die meisten technischen Begriffe in diesem Buch werden die Pali-Begriffe benutzt.

8 Wir führen von nun an den Begriff »Gefühlsempfindung« ein, um einer besonderen Differenzierung gerecht zu werden, die man in der buddhistischen im Gegensatz zur westlichen Psychologie findet. Im Buddhismus unterscheidet man klar zwischen 1) Sinneseindruck oder Sinneskontakt (Pali *phassa*, Sanskrit *sparsa*), 2) Gefühlsempfindung (*vedana*), das heißt der gefühlsmäßigen Bewertung eines Sinneseindrucks als angenehm, unangenehm oder neutral, und 3) Emotion, womit die motivationale Reaktion auf diese Gefühlsempfindung gemeint ist. Die emotionalen Reaktionen auf Gefühlsempfindungen treten zumeist quasi reflexhaft in Form von Begehren (Pali *tanha*, Sanskrit *trishna*) oder Abneigung auf; als Menschen haben wir aber auch die Möglichkeit, auf unsere Gefühlsempfindungen mit achtsamer, bewusster Wahl zu reagieren. Für beides – die mechanisch-reaktive und die achtsam gewählte Reaktion – benutzen wir das Wort »Emotion«. Das Wort »Gefühl«, das im Deutschen in der Regel ohne klare Abgrenzung gleichermaßen für Gefühlsempfindungen im eben erläuterten Sinn wie für Emotionen benutzt wird, verwenden wir nur dann, wenn das entsprechende

Wort »feeling« auch im englischen Original eher umgangssprachlich-unspezifisch verwendet wird. (Anm. d. Ü.)

9 Paradoxer, das heißt über das begriffliche Denken hinausgehender Ausspruch, der nur zu lösen ist, indem man das bloß intellektuelle Denken transzendiert. Koans werden in der Zen-Tradition systematisch als Mittel der Schulung des Geistes eingesetzt. (Anm. d. Ü.)

10 Das englische Wort »retreat« – »Rückzug« – hat sich mittlerweile auch in deutschen Meditationskreisen eingebürgert. Retreats sind Meditationsklausuren und -seminare, zu denen man sich – einzeln oder mit anderen – in eine ruhige, meist ländliche Umgebung zurückzieht. (Anm. d. Ü.)

11 Informationen und Adresslisten von Lehrern der Alexander-Technik erhalten Sie bei der Gesellschaft der Lehrer der F. M. Alexander-Technik e. V. (GLAT), Postfach 5312, D-79020 Freiburg, Tel. 0761/38 33 57, www.alexander-technik.org. Email: kontakt@alexander-technik.info

12 Lewis Caroll: *Alice hinter den Spiegeln*. Frankfurt/M. 1974.

13 C. M. Chen: *Buddhist Meditation, Systematic and Practical*. Kalimpong 1962, S. 72.

14 In Anlehnung an Sangharakshita: *Sehen, wie die Dinge sind. Der Edle Achtfältige Pfad des Buddha*. Essen 1995, S. 138.

15 Dies ist eine vereinfachte Wiedergabe der traditionellen Begriffe, die im *Satipathana-Sutta* (der klassischen Quelle der Achtsamkeitsbelehrung des Buddha) verwendet werden. Die dort angegebenen »Vier Grundlagen der Achtsamkeit« sind Körper (*kaya*), Gefühlsempfindung oder Fühlen (*vedana*), Geist oder Geisteszustand (*citta*) und Geistobjekt (*dhamma*). Meine Übersetzung der ersten beiden (Körper und Gefühlsempfindung) stimmt mit der traditionellen Liste überein. »Emotionen« ist ebenfalls eine ziemlich direkte Wiedergabe der dritten Grundlage, da *citta* in diesem Sutta meist als emotionale Reaktion dargestellt wird. In seiner Erläuterung der vierten Grundlage ermahnt der Buddha die Übenden, der Inhalte ihres Geistes gewahr zu werden. Sind sie hilfreich für die weitere Entwicklung oder nicht? Die Übung bezieht sich also eher auf Gedankenobjekte und weniger auf das Denkvermögen an sich. Das eingangs erwähnte *Satipathana-Sutta* finden Sie u. a. in: Nyanaponika, *Geistestraining durch Achtsamkeit*, Stammbach 2000, S. 170–189. Siehe auch Thich Nhat Hanh, *Umarme deine Wut*, Berlin 1992.

16 Aus praktischen Gründen betrachtet der Buddhismus den denkenden Geist als einen sechsten Sinn; der Geist greift nach Ideen, so wie sich die Augen auf sichtbare Gegenstände heften.

17 Buddhist oder Buddhistin ist man, wenn man Zuflucht zu Buddha, Dharma und Sangha nimmt – zu den Drei Juwelen oder höchsten Idealen im Buddhismus. Das bedeutet, man zielt in seinem ganzen Handeln und Denken auf die Verwirklichung dieser Ideale. Der Buddha steht für die Fähigkeit des Menschen zur Veränderung bis hin zu jener Vervollkommnung, die

in buddhistischer Sprache »Erleuchtung« heißt; der Dharma, die Lehre des Buddha, umfasst sowohl die begriffliche Formulierung der Einsicht oder Erkenntnis eines Buddha als auch sämtliche Methoden, mit denen man praktisch an seiner Vervollkommnung arbeitet; die Sangha ist die Gemeinschaft aller, die diesen Weg der Vervollkommnung gehen und einander dabei unterstützen. Diese Ideale sind für Buddhisten die einzige echte Zuflucht.

18 »Auspicious Signs«, eine Übersetzung des *Mangala-Suttas* von Sangharakshita. In: *Complete Poems*. 1941–1994. Birmingham 1995, S. 474.

19 Siehe »Einführung in die Einsichtsmeditation«, S. 144f.

20 Shunryu Suzuki: *Zen-Geist, Anfänger-Geist*. Berlin 2002 (9. überarb. Auflage), S. 23.

21 Siehe Anmerkung 10.

22 Aus »Burnt Norton«, dem ersten der Vier Quartette. In: T. S. Eliot: *Gesammelte Gedichte*. Frankfurt/M. 1988, S. 281.

23 Was immer Sie über die buddhistische Lehre der Wiedergeburt denken mögen, es liegt auf der Hand, dass Ihr gegenwärtiges Leben das wichtige ist. Hinweise auf vorherige und zukünftige Leben sollen nicht zu der Annahme verführen, dass man, um zu meditieren oder sich spirituell zu entwickeln, notwendigerweise an Wiedergeburt glauben muss. Die meisten Buddhisten glauben allerdings daran, und es gibt überzeugende Belege, die ihre Sichtweise stützen. Zur gründlicheren Erforschung dieses Themas sei hier Martin Wilsons *Rebirth and the Western Buddhist* (London 1987) empfohlen, das auch einen Überblick über weitere wichtige Literatur enthält, der von Alfred Weil herausgegebene Sammelband *Karma* (Berlin 1997) sowie der Sammelband *Karma und Wiedergeburt* (Berlin 2003).

Glossar

Im Folgenden sind Pali-Begriffe mit (P.) und Sanskrit-Begriffe mit (Skt.) gekennzeichnet. Wenn nichts angegeben ist, stimmt die Schreibweise in beiden Sprachen überein.

Brahma-Vihara wörtlich »göttliche oder himmlische Verweilungszustände oder Wohnstätten«.
Die vier Brahma-Viharas sind: Metta, liebende Güte oder Freundlichkeit; Karuna, tiefes Mitgefühl oder Erbarmen; Mudita, Mitfreude; und Upekkha (Skt. *upeksha*), Gleichmut.

Buddha wörtlich »einer, der erwacht ist« oder »einer, der versteht«.
Der Begriff »Buddha« bezeichnet einen Menschen, der die vollkommene Befreiung, Erleuchtung, erreicht hat. Buddha ist also kein Name, sondern ein Titel, der häufig für den historischen Buddha Gautama Shakyamuni verwendet wird. Vor Shakyamuni (etwa 450–370 v. u. Z.) gab es schon andere Buddhas. Im Mahayana-Buddhismus, einer der wichtigsten buddhistischen Richtungen, entstand eine regelrechte Buddhologie. Hier werden die Buddhas nach ihrer historischen, archetypischen oder essenziellen Natur unterschieden (die so genannte Drei-Körper- oder Trikaya-Lehre).

Dharma (Skt., P. *dhamma*) wörtlich »das, was unterstützt« oder »das Tragende«.
Dieser Begriff bezeichnet 1) das Gesetz, die Wirklichkeit oder die Wahrheit, die ein Buddha erfahren hat, 2) die Lehrformulierungen dieser Erfahrung, die Lehre – vor allem zu Ethik, Meditation und transzendenter Erkenntnis – des Buddha Shakyamuni, 3) ein Phänomen oder Ding, 4) Geistesobjekte, das heißt etwas, das dem Menschen im Geist erscheint, und 5) die so genannten Daseinsfaktoren. Im vorliegenden Buch wird Dharma hauptsächlich in seiner ersten und zweiten Bedeutung verwendet (s. auch Anm. 15 und 17).

Dhyana (Skt., P. *jhana*) wörtlich »Versenkung, Vertiefung, Meditation«.
Dhyana bezeichnet im Allgemeinen jeden Versenkungszustand des Geistes, der dadurch erreicht wird, dass die gesammelte Aufmerksamkeit unablässig bei einem körperlichen oder geistigen Meditationsobjekt verweilt. Dabei durchläuft der Geist verschiedene Stufen, in denen die Strömungen der Leidenschaft allmählich verebben. Immer mehr Teile der Persönlichkeit des Meditierenden werden in die Konzentration auf das Objekt einbezogen, so dass das Bewusstsein immer höhere Stufen psychischer Integration erfährt.

Mahayana wörtlich das »Große Fahrzeug«.
Die Tradition, die dazu ermutigt, zum Wohl aller Wesen und nicht nur für die eigene spirituelle Entwicklung nach Erleuchtung zu streben.

Mantra wörtlich »Denkwerkzeug«.
Eine Folge von Lauten, die bestimmte Aspekte von Erleuchtung verkörpern. Durch vielfache Wiederholung versuchen Rezitierende, die vom jeweiligen Mantra symbolisierte Wahrheit im eigenen Innern zu erfahren.

Meditationshindernisse auch Hemmungen genannt (P. *nivarana*).
Die buddhistische Tradition nennt fünf Hindernisse der Meditation: 1) Begehren von Sinneseindrücken, sinnliches Verlangen (*kama-cchanda*); 2) Abneigung (*vyapada*); 3) Trägheit und Stumpfheit (*thina-middha*); 4) Unruhe und Besorgtheit (*uddhacca-kukkuca*); 5) Zweifel und Unschlüssigkeit, skeptische Zweifel (*vicikiccha*). Siehe auch S. 102 ff.

Metta (P., Skt. *maitri*) und Metta-Bhavana, siehe Anmerkung 7.

Nidana etwa »Bindeglied«.
Weithin bekannt sind 102 »zyklische« Nidanas. Das sind die äußeren Glieder des Lebensrads, des Daseinskreislaufs oder des Samsara, die deshalb auch Nidanas des Rades genannt werden. Es gibt aber auch Nidanas, die den Weg zur Erleuchtung beschreiben, die so genannten Nidanas der Spirale. Sie werden im *Nidana-Vagga* des Samyutta-Nikaya als Zwölferfolge und an anderen Stellen des Pali-Kanons in Form kürzerer Reihen aufgelistet.

Samadhi wörtlich »fest zusammengefügt sein«, »Konzentration, Sammlung«.
Samadhi bezeichnet vor allem das Gerichtetsein des Geistes auf ein Objekt. Man unterscheidet verschiedene Grade von Samadhi: vorbereitende Sammlung (*parikamma-samadhi*), angrenzende Sammlung (*upacara-samadhi*), volle Sammlung (*appana-samadhi*) oder vollkommene Sammlung (*samma-samadhi*), welche die achte Stufe des Edlen Achtfältigen Pfades bildet.

Samatha (P., Skt. *shamatha*) wörtlich »Beruhigung, Gemütsruhe«
Grundsätzlich unterscheidet man zwei Arten buddhistischer Meditationsmethoden: Samatha und Vipassana (Skt. *vipashyana*). Samatha-Praktiken zielen auf eine tiefe psychische Integration und die Entwicklung positiver Geistesverfassungen, wodurch man alle physischen und besonders auch die geistigen Ablenkungen überwindet und schließlich ein tiefes, umfassendes Gefühl der Ruhe und Klarheit erlebt.

Samsara wörtlich »beständiges Wandern, Daseinswanderung«.
Der Kreislauf des Daseins oder der Wiedergeburten, den ein Wesen so lange durchläuft, bis es sich von Gier, Hass und Verblendung befreit und Erleuchtung erlangt hat. Ein sehr ausdrucksstarkes Bild des Samsara ist das Lebensrad.

Sutra (Skt., P. *sutta*) wörtlich »Leitfaden«.
Bezeichnung für die Lehrreden des Buddha.

Trikaya-Lehre Die Lehre von den Drei Körpern der Erleuchtung bezieht sich auf die drei (*tri-*) Ebenen, auf denen erleuchtetes Bewusstsein wahrgenommen wird. *Kaya* heißt wörtlich Körper oder Form. Der *nirmana-kaya* ist der menschliche historische Buddha, wie er vom gewöhnlichen, auf den Sinnen basierenden Bewusstsein erkannt wird. *Sambhoga-kaya* sind seine tieferen Eigenschaften, die vom visionären, dhyanischen Bewusstsein als archetypische, ideale Form wahrgenommen werden. *Dharma-kaya* ist die essenzielle Buddha-Natur, wie sie mit transzendenter Einsicht gesehen wird.

Vipassana (P., Skt. *vipashyana*) wörtlich »Einsicht, Hell- oder Klarblick«. Mit Vipassana werden alle Meditations- oder Reflexionsmethoden bezeichnet, die zur Entwicklung von Einsicht in die wahre Natur der Dinge dienen. Um Vipassana zu üben, braucht man eine stabile Grundlage von Samatha, das heißt eine kraftvolle emotionale Positivität und einen hohen Grad psychischer Integration.

CD zu diesem Buch

Im Verlag *do-evolution* ist eine CD zu diesem Buch erschienen:
Innere Ruhe – äußere Kraft. Atemmeditation, Metta-Meditation, SPIEL, Body-Scan, Muskelentspannung und Gesundheitsübung. ISBN 3-929447-08-8

Über den Autor

Anthony Matthews unterrichtet seit über 25 Jahren Meditation. 1974 wurde er in den Westlichen Buddhistischen Orden aufgenommen und erhielt den Dharma-Namen Kamalashila. In Nord-Wales hat er das Meditationszentrum »Vajraloka« und das buddhistische Studienzentrum »Vajrakuta« mit gegründet. Durch Vorträge und Seminare wurde er als Meditationslehrer weithin bekannt. Er lehrt u. a. in Indien, Neuseeland, Russland, Deutschland und den USA. Gegenwärtig lebt er in einer Einsiedelei in Wales.

Adressen

Einen guten Überblick über buddhistische Meditationsgruppen verschiedenster Traditionen bekommen Sie bei den folgenden Dachverbänden. Dort gibt es auch nach Postleitzahlen geordnete Verzeichnisse, so dass Sie leicht eine Gruppe in der Nähe Ihres Wohnortes finden können.

In Deutschland:
Deutsche Buddhistische Union
Geschäftstelle
Amalienstr. 71
80799 München
Tel.: 089 / 28 01 04
www.dharma.de

In Österreich:
Österreichische Buddhistische Religionsgesellschaft
Fleischmarkt 16
A-1010 Wien
Tel. und Fax: 43 / 1 / 512 37 19
www.buddhismus-austria.org

In der Schweiz:
Schweizerische Buddhistische Union
www.sbu.net

Nähere Informationen über Meditation in der von Anthony Matthews beschriebenen Tradition erhalten Sie bei:

Freunde des Westlichen Buddhistischen Ordens (FWBO)
Herkulesstr. 13a
45127 Essen
Tel.: 0201 /23 01 55
Fax: 0201 /22 00 96 1
www.fwbo.de